ANNUAIRE ILLUSTRÉ
pour 1897

NOTICE

SUR

L'ORDRE AMÉRICAIN

DU

BUSTE DU LIBÉRATEUR

DES

Etats-Unis du Vénézuéla

EN VENTE

CHEZ LES PRINCIPAUX LIBRAIRES

PARIS

1897

LARGENTIÈRE, IMPRIMERIE DELHORME

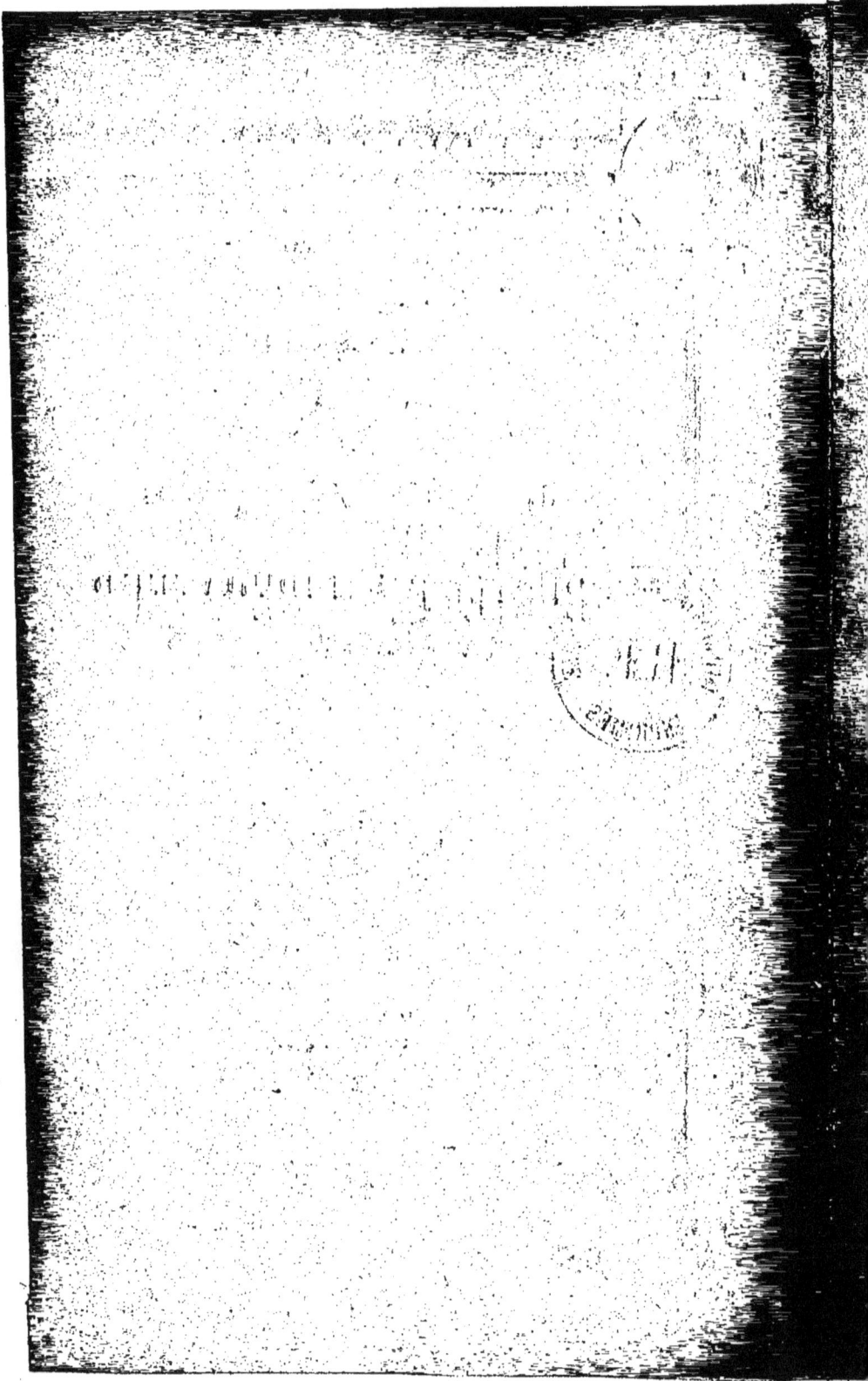

NOTICE

SUR

L'ORDRE AMÉRICAIN

DU

BUSTE DU LIBÉRATEUR

DES

États-Unis du Vénézuéla

⸱⸱⸱⸱⸱⸱

ANNUAIRE

1897

TABLE DES MATIÈRES

Gravures hors texte.

Simon Bolivar, le Libérateur, avec sa signature autographe (fac-simile)

Statue de Simon Bolivar, érigée à San Pedro Alejandrino

François Miranda.

Croix des 5e et 4e Classes du Libérateur.

Croix de la 3e Classe.

Plaque de la 3e Classe.

Plaque des 2e et 1re Classes.

Insignes de la 1re Classe (Grand-Croix).

Fac-Simile du Diplôme de l'Ordre.

Le Général Davout, duc d'Auerstaedt, Grand Chancelier de la
  Légion d'honneur.

Félix Faure, Grand-Maître de la Légion d'honneur.

Général Joaquin Crespo, Grand-Maître de l'ordre du Libérateur,
  (gravure de A. Raffoux) avec sa signature autographe (fac-simile).

Docteur Pedro Ezequiel Rojas, Ministre des Affaires étrangères du
  Vénézuéla avec sa signature autographe (fac-simile).

Docteur J.-F. Castillo, Ministre de l'Intérieur du Vénézuéla.

Général Fr. Tosta Garcia, Ministre plénipotentiaire du Vénézuéla
  à la Haye.

Docteur Juan Pietri, Ministre Plénipotentiaire du Vénézuéla à Berlin
  et à Madrid.

M. A.-D. Marie, Successeur de Billard, Fabricant d'Ordres à Paris,
  Fournisseur de plusieurs Chancelleries, a bien voulu nous fournir
  gracieusement les photographies des Croix de l'Ordre pour établir
  les planches d'illustrations contenues dans l'ouvrage.

Les illustrations des Croix ont été gravées par M. Alfred RAFFOUX, ✳
  Directeur de l'Agence des Illustrations de la Presse.

L'éditeur répondra aux communications ou aux demandes de renseignements adressées franco.

Introduction

Nous ne pouvons, croyons-nous, mieux commencer cette courte introduction, qu'en citant la phrase suivante de notre distingué confrère, M. Henri Gourdon de Genouillac :

« Les ordres (distinctions honorifiques) répondent à un des plus impérieux besoins des nations civilisées ; c'est la récompense la plus enviée et la plus enviable, et de nos jours, c'est le véritable signe d'une sorte de noblesse personnelle. »

Cette appréciation, si précise et si juste, de l'auteur du Nouveau Dictionnaire des Ordres de Chevalerie, résume parfaitement l'état d'âme d'une époque comme la nôtre où tout le monde comprend qu'une distinction honorifique stimule et entretient le sentiment de l'honneur.

Mais le but que nous nous proposons n'est pas de faire l'apologie des décorations en général, ni même celle du Buste du Libérateur de la République des Etats - Unis du Vénézuéla, nation à laquelle nous sommes, cependant, attaché personnellement par des liens très étroits.

D'autres, avant nous, ont accompli cette tâche et l'ont accomplie d'une façon assez élevée et assez complète pour qu'il ne reste rien à dire de plus sur la question.

Nous voulons simplement attirer l'attention de tous ceux qui ont été l'objet, de la part du gouvernement de Caracas, de la distinction dont nous venons de parler, dans l'une des cinq classes qui la composent.

Il existe bien une liste des membres et des dignitaires de l'Ordre du Buste du Libérateur, que publie annuellement le Ministère du Vénézuéla. Mais c'est là un document imprimé par les soins du Gouvernement de cette nation, d'un tirage restreint, contenant beaucoup d'autres documents étrangers à l'Ordre, et, en outre, rédigé en langue castillane, circonstance qui le rend inutile aux français et aux étrangers, membres de l'Ordre, qui ne possèdent pas cette langue.

Nous comblons donc une véritable lacune et une lacune très regrettable, en publiant ce livre qui n'est pas tout à fait encore un Annuaire, dans toute l'acception du mot, mais auquel, dès l'année prochaine, nous donnerons complètement ce caractère.

En terminant, nous prions ceux de nos amis qui ont bien voulu nous accorder leur collaboration en nous donnant de précieuses indications ou en nous adressant des articles, d'agréer nos plus cordiaux remercîments. Nous nous permettons d'inscrire leurs noms, ci-dessous, en témoignage de notre gratitude.

MM. A. Millien, C. ✳, lauréat de l'Académie française.

    G. Clet, C. ✳, Directeur de la *Gazette des pays latins* et de l'*Echo du Vénézuéla.*

    E.-Ph. Piraud, avocat-avoué, ancien magistrat.

    A. Suire, Officier d'Académie, licencié en droit.

    A. et J. Trubesset, O. ✳.

    F. Vallage.

    Jules Lemaitre. O. ✳.

    Armand Lefèbvre ✳. O. ✳.

    A. Raffoux, ✳.

    Célestin Gros.

      etc.

Grâce à l'aimable concours de ces collaborateurs officieux, il nous a été permis de mener plus aisément à bonne fin notre modeste tâche.

                              Les Editours.

ÉPHÉMÉRIDES NATIONALES

VÉNÉZUÉLIENNES

DATES	ANNÉES	JANVIER
1	1813	Bolivar bat les Espagnols à Chiriguana.
	1817	Bolivar arrive à Barcelona, appelé par les patriotes.
2	1814	Bolivar réunit dans l'église San-Francisco à Caracas une commission de notables et rend compte de ses actes au peuple.
21	1815	Le prêtre J. F. Blanco réfute une lettre du Colonel Castillo injurieuse pour Bolivar.
22	1815	Bolivar prend la parole au Congrès grenadin.
23	1826	Les forts du Callao se rendent à B. Salom.
26	1815	Bolivar arrive à Popayan.
28	1817	Paëz est vainqueur de Torre à Mucuritas.
30	1812	La Constitution de la province de Caracas est signée.
31	1818	Bolivar s'unit à Paëz pour faire la campagne du Llano.

Dates	Années	FÉVRIER
1	1825	*Le Congrès péruvien crée la médaille du Buste du Libérateur.*
7	1817	Proclamation de Piar aux Indiens du Caroni.
9	1820	Inhumation du patriote C. Mendoza, à Caracas.
10	1824	Le Congrès du Pérou confère au Libérateur le mandat politique et militaire, avec le titre de Dictateur.
13	1818	Bolivar se retire avec son armée à Calabozo.
14	1818	Bolivar bat l'armée de Morillo à Calabozo.
15	1819	Bolivar obtient de réunir le premier Congrès constitutionnel et donne sa démission, à Angostura.
18	1819	Le Congrès réuni à Angostura réglemente la Présidence de la République.
23	1813	Bolivar établit son quartier général à San-Mateo.
25	1859	Mort du co-promoteur de l'Indépendance J. Lara, à Barquisimeto.
26	1819	Bolivar forme le ministère à Angostura.
27	1819	Proclamé chef suprême, Bolivar quitte Angostura pour se mettre à la tête de l'armée à Apure.

MARS

2	1811	Ouverture de la session du premier Congrès du Vénézuéla, avec quarante-quatre députés.
3	1805	Le Capitaine général M. Guevara y Vasconcellos par une proclamation aux Américains, les invite à armer des bateaux pour poursuivre les corsaires anglais.

DATES	ANNÉES	MARS (suite)
7	1638	Réception à Caracas de la décision royale qui approuvait le transfert de la Cathédrale, à Caracas.
10	1812	Arrivée de Bolivar à Asaguaquen.
12	1813	Le gouvernement de Grenade déclare que le Colonel Bolivar est citoyen grenadin et l'élève au grade de Général.
14	1818	Proclamation de Bolivar, adressée aux Tuyeros, les appelant à défendre la patrie.
16	1814	Bolivar met en déroute les armées de Boues, à San-Mateo.
18	1813	Le Congrès de la Nouvelle-Grenade décide que Bolivar marchera avec l'armée pour libérer le Vénézuéla.
19	1795	Naissance à Barinas du co-promoteur de l'Indépendance, le Général José Ignacio Pulido.
14	1812	Miranda public la loi martiale à Maracay.
20	1816	Bolivar, avec l'escadre de Brion, part des Cayes (Haïti) pour le Vénézuéla.
28	1864	La Constitution fédérale est votée par les neuf Etats.

AVRIL

19	1810	La ville de Caracas donne le signal de la Révolution pour l'affranchissement des colonies hispano-américaines.
26	1889	Le Gouvernement du Vénézuéla fait frapper une médaille d'or (105 mil. sur 94 mil). (Buste de Miranda) offerte à la République Française, en mémoire du premier centenaire de la Révolution de 1789.
	1889	La ceinture militaire tricolore du général Miranda (Campagnes de Belgique et de Hollande) est prêtée pour figurer à l'Exposition des Objets Historiques.

Dates	Années	MAI
28	1814	Bolivar bat les troupes de Cagigal à Carabobo.
28	1816	Bolivar est reconnu, à Carupano, comme chef suprême du Gouvernement.
29	1812	Miranda donne à Luis Delpech la mission de se rendre aux Antilles auprès du Vice-Amiral anglais Cochrane pour établir des relations entre le Vénézuéla et l'Angleterre.
30	1812	L'archevêque Coll y Prat est mis en prison.
30	1845	Traité de paix et de reconnaissance, conclu entre le Vénézuéla et l'Espagne.
31	1817	Brion part avec son escadre pour la Guyane afin de venir en aide à Bolivar.

JUIN

Dates	Années	JUIN
2	1816	Bolivar proclame la liberté des esclaves à Carupano
2	1828	La grande convention s'est dissoute.
4	1830	Le maréchal José Antonio Sucre, vainqueur d'Ayacucho, est assassiné à Berruecos.
5	1820	Par un décret spécial du Congrès de Bogota, Bolivar est autorisé à se rendre au Pérou pour le libérer.
6	1827	Le Congrès de Colombie rejette la démission de Bolivar et insiste pour qu'il occupe la présidence.
7	1811	Ratification du traité d'alliance entre la Nouvelle-Grenade et le Vénézuéla.
8	1822	Bolivar, vainqueur, entre à Pasto.
9	1756	Naissance de Francisco Miranda, à Caracas.
11	1828	La convention est dissoute à Ocana.
12	1819	Victoire de Marino à Cantaure.
13	1790	Naissance de José A. Paëz.

Dates	Années	JUIN (suite)
13	1828	Les citoyens de Bogota confèrent le mandat suprême au Libérateur.
14	1813	Entrée de Bolivar à Trujillo.
15	1802	Le roi d'Espagne accorde à Bolivar la permission de se marier à Madrid.
16	1822	Entrée de Bolivar à Quito (Pérou).
17	1820	Le Général espagnol Morillo, de Caracas, propose au congrès d'Angostura un traité de paix et de réconciliation.
18	1813	Défaite des royalistes à Agua de Obispos par Girardot.
20	1819	Le Congrès d'Angostura ordonne de confisquer les biens des Espagnols sur les territoires indépendants.
22	1826	Le Congrès pan-américain s'installe à Panama.
24	1821	Victoire qui assure l'Indépendance du Vénézuéla et de la Colombie, par Bolivar y Paëz.
25	1810	Indépendance de Buenos-Ayres.
26	1797	Le gouverneur de Trinidad, M. Pilton, offre au Vénézuéla, par une proclamation, la protection anglaise en faveur de son indépendance.
27	1595	La ville de Caracas est mise au sac par le pirate anglais Amias Preston.
27	1819	Bolivar bat les royalistes à Paya.
29	1812	L'officier F. Vinoni, trahissant la cause de l'Indépendance, fait soulever la garnison du fort de San-Felipe de Puerto-Cabello et arbore le drapeau royal.
30	1817	Piar quitte San-Miguel, de la Guyane, pour Maturin, préparant sa conspiration.

DATES	ANNÉES	JUILLET
1	1813	Bolivar prend d'assaut Guanare.
2	1811	La Constituante du Vénézuéla établit la loi de l'impôt.
3	1818	Bolivar fait incorporer la police et l'administration locale au gouvernement d'État.
4	1811	Une proposition « d'Indépendance absolue » présentée par Bolivar à la Société patriotique, est lue au Congrès du Vénézuéla.
5	1811	*Le Congrès du Vénézuéla sanctionne le décret de l'Indépendance.* **Fête Nationale.**
6	1812	Après une héroïque résistance, Bolivar s'embarque à Berburata pour rendre compte au généralissime Miranda de la retraite de Puerto-Cabello.
11	1811	Les royalistes de Valencia se prononcent contre le gouvernement constitué à Caracas, le 5 juillet.
12	1814	La constituante de Cucuta vote que le Pavillon National sera le drapeau tricolore porté par Miranda.
13	1811	Le Congrès autorise le pouvoir exécutif à user des pouvoirs dictatoriaux.
14	1811	L'acte de l'Indépendance est publié à Caracas et le nouveau Drapeau national y est arboré.
14	1816	Mort de François de Miranda, à la prison de l'Arsenal de La Carraca, près Cadix (Espagne) fait prisonnier par les royalistes.
15	1808	La frégate française « Serpent » arrive à la Guaira, portant la nouvelle de la renonciation à la Couronne, faite en faveur de Joseph Bonaparte, par les rois d'Espagne.

ATES D	ANNÉES	JUILLET (suite)
17	1817	Bermudez occupe Angostura ; le siège en est dirigé par Bolivar.
19	1816	Le Libérateur s'embarque sur l'escadre de Brion pour Bonaire.
20	1810	La ville de Bogota suit le mouvement patriotique de Caracas.
24	1823	Combat maritime sur le lac de Maracaïbo ; les royalistes sont battus.
24	1783	*Naissance de Simon Bolivar à Caracas.*
25	1812	Capitulation de Miranda, à Maracay.
26	1813	Bolivar prend la ville de San Carlos.
27	1837	Mort de Morillo, à Barèges (France).
28	1821	Le Congrès décrète des honneurs aux vainqueurs de Carabobo.
30	1811	La Confédération vénézuélienne adresse à l'univers un manifeste.

AOUT

1	1805	Francisco de Miranda rédige son testament à Londres.
2	1813	Bolivar occupe la ville de Valencia.
3	1492	Christophe Colomb part de Puerto de Palos (Espagne) pour la découverte de l'Amérique.
4	1813	Bolivar, vainqueur, accorde une capitulation honorable au Capitaine-général Fierro, qui l'avait sollicitée, à Caracas.

DATES	ANNÉES	AOUT (suite)
6	1813	Bolivar entre vainqueur à Caracas et donne toutes les garanties pour la sécurité publique.
6	1825	La République est proclamée en Bolivie.
8	1810	Le gouvernement anglais signe un traité de commerce avec le Vénézuéla.
11	1725	Inauguration de l'Université de Caracas
13	1811	Miranda soumet à son pouvoir les royalistes de Valencia. Bolivar est Colonel dans cette campagne.
15	1818	Bolivar adresse d'Angostura une proclamation patriotique aux Grenadins.
16	1813	Bolivar part de Caracas pour assiéger Monteverde à Puerto-Cabello.
17	1819	Bolivar est décoré de la Croix militaire de Boyaca
18	1820	La garnison de Carupano se soulève pour défendre la patrie.
23	1845	Mort du général Rafaël Urdaneta, décédé à Paris.
25	1828	Mort du Général Andrés Ibarra, aide de camp du Libérateur.
25	1824	Bianchi, chef de l'escadre, trahit la confiance de Bolivar et s'enfuit de Cumana.
27	1812	Bolivar part de la Guaira pour l'île Curaçao, avec un passeport délivré par Monteverde.
30	1812	La régence d'Espagne adresse une proclamation aux sujets hispano-américains pour les engager à se séparer de la révolution de l'Indépendance.
31	1829	Bolivar invite à la concorde, par un manifeste, les pays rendus indépendants avec le concours de son épée.

Dates	Années	SEPTEMBRE
1	1825	Entrée triomphale de Bolivar à Lima (Pérou). Le Général français Lafayette envoie à Bolivar le portrait de Washington, au nom de la famille de ce dernier.
3	1814	Bolivar et Marino arrivent à Carupano (Vénézuéla).
5	1811	Les royalistes espagnols incendient le village de Santa-Cruz.
7	1814	Urdaneta est vainqueur à Macuchies.
10	1823	L'assemblée Constituante du Pérou confère au Libérateur Bolivar l'autorité militaire suprême de la République.
14	1821	Le Congrès de la Colombie vote une loi sur la liberté de la presse.
30	1673	Formation du séminaire Santa-Rosa, à Caracas.
30	1813	Bolivar est victorieux à Barbula, où il bat Bobadilla.

		OCTOBRE
3	1813	Déroute et échec de Monteverde à Las Trincheras.
4	1826	La municipalité de Caracas est convoquée par Paëz pour délibérer sur la formation d'une convention colombienne ; elle opte pour l'intégralité.
7	1807	Mort de Manuel de Guevara y Vasconcelos, à Caracas.
8	1892	Entrée du Général Crespo à Caracas. Constitution du Ministère. Crespo est nommé Chef provisoire du Pouvoir exécutif.

DATES	ANNÉES	OCTOBRE
10	1818	Bolivar demande au Conseil, réuni à Angostura, de convoquer un congrès auquel il rendra compte de sa conduite.
12	1813	Défaite de Santander, à Carillo.
12	1492	Le navigateur corse Christophe Colomb découvre le Vénézuéla, (Côte-Ferme).
14	1813	Le Conseil de Caracas décerne à Bolivar le titre de Libérateur et de Capitaine-Général des Troupes.
16	1817	Exécution de Piar, condamné à mort par le conseil de guerre d'Angostura, pour rébellion et trahison.
17	1813	Bolivar établit un règlement sur les uniformes de l'armée.
20	1813	Bolivar ordonne de faire le recensement dans le pays pour former la conscription.
21	1766	Tremblement de terre à Caracas.
22	1813	*Décret rendu par Simon Bolivar, à Caracas, créant l'Ordre des Libérateurs.*
24	1803	Le pape Pie VII érige la Cathédrale de Caracas en Église métropolitaine.
25	1813	Bolivar met en défaite le chef royaliste Salomon, à Vigirima.
28	1810	Le Marquis del Toro attaque les royalistes à Coro.
28	1888	Fondation de l'*Académie Nationale de l'Histoire*, à Caracas.
28		*Fête Nationale en l'honneur de Bolivar.*
31	1828	Carujo fait sa dernière déclaration sur la tentative d'assassinat dirigée contre le Libérateur, le 25 septembre antérieur.

DATES	ANNÉES	**NOVEMBRE**
1	1812	Les patriotes, prisonniers du Général espagnol Monteverde, sont embarqués sur la frégate *Venganza*.
5	1817	Le Libérateur institue, à Angostura, le conseil de gouvernement.
6	1700	Naissance de Carlos Muñoz, à Caracas.
7	1828	Bolivar commue par la peine de l'exil la condamnation de François de Santander.
9	1823	Capitulation des Espagnols réfugiés au Castillo de Puerto-Cabello. Ils se rendent à Paëz.
13	1817	Le Libérateur fait connaître à Paëz son plan de campagne au Llano.
13	1885	Mort de Antonio Léoccadio Guzman, secrétaire et ami de Bolivar.
14	1826	Arrivée de Bolivar à Bogota.
14	1881	Formation de l'État Falcon-Zulia.
16	1815	Arismendi, avec 150 hommes, prend d'assaut Juangriego, (île Marguerite).
18	1868	Mort du Général José T. Monagas.
21	1811	Le Congrès de Caracas sanctionne la Constitution fédérale.
26	1829	Le Vénézuéla se sépare du reste de la Colombie.
29	1781	Naissance du poète Andrés Bello, à Caracas.
		DÉCEMBRE
1	1830	Bolivar, malade, arrive à Santa-Marta, sur le bateau *Mannel*.
4	1845	Mort de G. Mac-Gregor, à Caracas, co-promoteur de l'Indépendance.

DATES	ANNÉES	DÉCEMBRE
6	1830	Bolivar se rend de Santa-Marta à la villa de San-Pedro-Alejandrino.
7	1813	Bolivar, à San-Carlos, envoie le décret d'amnistie pour les Américains royalistes.
8	1848	Entrée à « Bajo Leco » (Maracaïbo) de l'escadre de Monagas.
8	1816	L'Archevêque Coll y Pratt est appelé en Espagne par Ferdinand VII.
9	1824	Sucre gagne la bataille de Ayacucho.
10	1830	Le Libérateur Bolivar, reconnaissant la gravité de son état de santé, dicte une dernière proclamation : ses adieux aux Colombiens.
11	1819	Arrivée de Bolivar à Angostura, après la campagne de la Nouvelle-Grenade.
12	1780	Naissance de Francisco Conde à Caracas,
14	1819	Bolivar est conduit au Congrès d'Angostura.
15	1814	Bolivar est élu Capitaine-Général de la Nouvelle-Grenade.
16	1826	Arrivée de Bolivar à Maracaïbo.
17	1819	Le Congrès d'Angostura décrète la formation de la Colombie, — en mémoire de Christophe-Colomb.
17	1830	Mort de Simon Bolivar, à San-Pedro-Alejandrino, à l'âge de 47 ans, 5 mois et 25 jours.
17	1842	Les cendres du Libérateur Bolivar sont transportées solennellement au Panthéon National à Caracas.
20	1830	La sépulture du Libérateur, à Santa Marta, fut faite à cinq heures du soir.

Dates	Années	DÉCEMBRE
21	1811	La première Constitution du Vénézuéla est signée à Caracas.
25	1819	La Constitution de la Colombie est publiée.
27	1595	Le pirate anglais Drake met le feu à la ville de Nombre de Dios (Nouvelle-Grenade) après l'avoir saccagée.
29	1792	Naissance de Tomas Lander, à Caracas.
31	1826	Bolivar arrive à Puerto-Cabello.

Simon Bolivar

LE LIBÉRATEUR

———◆◇◆———

Quand chez les nations sonne l'heure des crises
Qui vont déterminer et fixer leurs destins,
Pour conduire le peuple aux grandes entreprises
Et guider vers le but ses efforts incertains,
Parfois paraît un homme appelé par Dieu même ;
Non pas un conquérant qui rêve un diadème,
Mais mieux qu'un Alexandre, un Cyrus, un César,
Car de sa race en lui s'incarne le génie
Lorsqu'il déploie au vent sa bannière bénie :
      C'est Washington ou Bolivar.

Bolivar ! ô figure héroïque et sereine
Que la postérité contemple avec orgueil !
Ta gloire, à toi, du moins, ta gloire souveraine,
Ne s'enveloppe pas dans un voile de deuil.
Tu n'as pas sous tes pieds longtemps pétri le monde,
Tueur d'hommes laissant une trace inféconde,
Comme ce météore, indice de malheurs,
Qui brille d'un éclat magnifique sans doute,
Mais qui répand aussi la terreur sur sa route
      Et la ruine avec les pleurs.

Toi tu passas pareil à l'astre salutaire,
Présage d'abondance, espoir des jours d'été,
Bolivar, et le sang dont tu rougis la terre
Y fit germer la paix, avec la liberté.
Du haut du Mont-Sacré, sous le ciel d'Italie,
Alors que, devant Dieu, jeune, l'âme remplie
D'enthousiasme ardent, de nobles passions,
Tu juras d'affranchir ta patrie opprimée
Et de mettre bientôt ta terre bien-aimée
      Au rang des libres nations,

Ce jour-là, tu donnas en un pur sacrifice
Ton être tout entier, sans rien en retenir !
Ton plan, qu'illuminait le soleil de justice,
N'eut jamais, Bolivar, d'ombre pour le ternir;
Sans sordide calcul, sans arrière-pensée,
Ta volonté constante et désintéressée
Ne se proposait point de faire du pouvoir
Ton profit personnel ; non, elle était guidée,
En toute occasion, par cette fière idée
      De la patrie et du devoir.

Le devoir : tu lui dois tes vertus les meilleures,
Ton équité, ta foi, ta magnanimité,
Ta modération dans le triomphe, aux heures
Des revers imprévus, ta mâle fermeté.
Par lui, par le devoir, ta vie est inspirée :
Sacrifiant tes biens à la cause sacrée
Que ton cœur simple et fort uniquement servait,
On chercherait en vain, dans ton coffre-fort vide,
Les monceaux d'or qu'eût pu cacher ta main avide,
Le jour où vint la mort s'asseoir à ton chevet.

Tu n'as pu cependant échapper à l'envie ;
L'injure, Bolivar, ne t'a pas épargné :
L'homme supérieur, si pure soit sa vie,
N'en sait point garantir son esprit indigné.
La foule aux lourds instincts, le vil et bas vulgaire
Dans son abjection, hélas ! ne comprend guère
Le généreux mobile où s'inspire un grand cœur ;
Suivant sa passion, elle juge et condamne
Et prodigue aux meilleurs son insulte profane
  Et son dénigrement moqueur.

O noble Bolivar, ainsi plus d'un t'accuse
De mensonge, d'astuce et d'âpre ambition :
« Loin de la délivrer, dit-on, il met sa ruse
A vouloir sous le joug courber la nation.
Il brise le pouvoir abhorré d'un despote
Pour y substituer le sien, faux patriote,
Pour poser sur nos fronts son bras de dictateur ;
Il veut accaparer la force souveraine... »
Mais toi, tu répondais : « Qu'un plus digne la prenne !
Je suis, de mon pays, le premier serviteur. »

Et tous, tous t'acclamaient. Puis, quand la calomnie,
Réduite à se cacher dans son ombre en rampant,
Expirait impuissante aux pieds de ton génie,
Trop haut pour être atteint par la dent du serpent ;
Lorsque tes détracteurs n'avaient plus qu'à se taire,
Il restait contre toi l'attentat du sicaire,
La louche trahison, le fer de l'assassin.
Va-t-elle se voiler, ton étoile assombrie ?
Non, non ; pour le bonheur de ta chère patrie
Dieu veille, et le poignard s'écarte de ton sein.

Tu disais à ton peuple : « Allons ! courage ! espère !
Nous atteignons le but, luttons, luttons encor ! »
Et maintenant ton œuvre accomplie et prospère
Fait resplendir ton nom bien mieux qu'en lettres d'or:
Toutes les nations acclament ta mémoire ;
Un homme tel que toi meurt-il ? Non ; dans la gloire
Qui promet les héros à l'immortalité,
Tu demeures toujours présent ; toujours vivante,
Ta voix sort de la tombe et, toujours triomphante,
Elle crie à tes fils : union, liberté !

L'histoire enseignera la valeur de ton rôle,
La grandeur de ta vie aux hommes qui naîtront ;
Sous le souffle brumeux des âges, l'auréole
Ne devra point s'éteindre ou pâlir à ton front.
Tes petits-neveux, fiers de tes vertus viriles
Mieux que des vains lauriers et des gloires stériles,
S'éclaireront de ton exemple inspirateur,
Tandis que le respect universel du monde
S'attachera sans cesse à ton œuvre féconde,
    Bolivar, ô Libérateur !

ACHILLE MILLIEN

Membre-Correspondant
de l'Académie nationale de l'Histoire
du Vénézuéla.

SIMON BOLIVAR

Le Libérateur

HISTOIRE POPULAIRE

DE

SIMON BOLIVAR

Nous allons retracer, à grands traits, la vie de l'un de
ces rares hommes qui méritent véritablement le surnom
de « *grands* » parce que leur probité, leur désintéressement
et la dignité de leur caractère ne se sont démentis jamais
et ont constamment fait cortège à leur génie.

« Raconter la vie des hommes utiles, a dit Vauvenar-
gues, c'est être utile soi-même aux générations présentes
et futures. »

Que l'on considère le citoyen, l'homme d'État, le soldat,
l'administrateur, on se plait à admirer dans Bolivar le
Libérateur, les vertus civiques qui lui méritent l'estime et
la sympathie de tous les peuples du continent américain.

Simon Bolivar appartenait à une famille d'origine espagnole, établie dans le Vénézuéla depuis la conquête; l'un
de ses ancêtres, Simon de Bolivar, fut envoyé en 1589 à la
cour de Philippe II, qui lui conféra le titre d'officier municipal et de régisseur du domaine royal, dans la province
du Vénézuéla. Don Juan Vicente, marquis de Bolivar,
Comte de Cassorete, Seigneur d'Arva, Colonel de la milice
d'Aragua y possédait d'immenses domaines (1785). C'était
le père de Simon Bolivar, le Libérateur, son quatrième et
dernier enfant, qui naquit à Caracas, le 24 juillet 1783.
Orphelin dès l'âge de six ans, il eut pour tuteur Don Carlos

Palacios, un parent de sa mère, et pour premier précepteur, Simon Rodriguez; celui-ci fut remplacé, ensuite, par Andréas Bello, encore jeune, dont « l'esprit sérieux révélait « déjà l'homme qui devait s'illustrer par ses ouvrages sur « le droit des Gens et par de nombreux travaux litté- « raires.» (L. Lopez Mendez.— 1891.)

Simon Bolivar fut envoyé à Madrid pour y compléter ses études (1799) ; il voyagea aussi en Suisse, en Allemagne, en Angleterre, en Hollande et en France.

Il résida à Paris; d'après le témoignage du général Florès qui était son ami, le Libérateur aurait fait une partie de ses humanités dans « le célèbre établissement de « Sorrèze (Tarn) dont il est une des gloires. » (A. Meulemans — 1873).

Ce collège royal était dirigé par les Dominicains à la tête desquels se trouvait François Ferlus, (1748-1812) qui avait adopté les principes de la Révolution de 1789 et prêté le serment exigé par la Constitution civile du clergé.

. . . .
. . . .
. . . .
. . . .

Nous ne pouvons mieux terminer cette histoire populaire qu'en reproduisant textuellement les termes de ses adieux aux peuples qu'il avait émancipés.

« Vous avez été témoins de mes efforts pour implanter « la liberté là où régnait autrefois la tyrannie. Je n'ai « cherché ni le repos ni la fortune, et j'ai quitté le pouvoir « quand j'ai cru n'avoir plus votre confiance... Victime de « mes persécuteurs, je leur pardonne avant de mourir. Et « maintenant, au moment de quitter ce monde, je vous « adresse mes derniers vœux pour la gloire et la consolation « de notre chère Colombie. Travaillez tous, je vous en con-

« jure, à rétablir l'union : citoyens, en obéissant au gouver-
« ment; ministres de Dieu, en élevant vos prières vers le
« Ciel; soldats, en vous servant de votre épée pour défendre
« la société. Colombiens, ma dernière pensée est pour la
« Patrie. Si ma mort peut contribuer à vous rendre plus
« unis, volontiers je descends au tombeau. »

Nous croyons avoir contribué, dans les pages qui précè-
dent, à vulgariser l'admirable et sympathique figure historique de Simon Bolivar, de cet homme né dans la caste
noble et au sein de l'opulence, qui voulut être simple
citoyen d'une République, qui consacra généreusement sa
fortune à la cause de la liberté et qui mérita la plus haute
récompense à laquelle un homme puisse aspirer : être proclamé le Libérateur de sa Patrie.

G. Clet.

(Extrait de l'Histoire Populaire de Simon Bolivar, le
Libérateur, — 1 vol. in/8° illustré de gravures.)

LA STATUE DU LIBÉRATEUR

Plusieurs villes américaines ont érigé une statue à Simon Bolivar. Celle de Caracas, son berceau, érigée sur la place Bolivar, se dresse au milieu des plates-bandes et des bouquets de verdure.

Mais l'une des plus remarquables est la statue, en marbre blanc, (représentée par notre gravure), érigée à la Villa San Pedro Alejandrino, près Santa-Marta (Colombie), sur l'initiative et par les soins du gouverneur du Magdalena, S. Ex. le Dr Ramon Goenaga, aujourd'hui Consul-Général de Colombie à Londres.

C'est également à l'initiative de S. Ex. le Dr Goenaga qu'est due l'acquisition, aux frais du Département, de la villa San Pedro Alejandrino, devenue désormais un monument historique.

A la date du 2 mars 1896, S. Ex. M. le Dr Francisco Escobar, Gouverneur actuel du Magdalena a décidé, par décret, qu'un musée historique et une bibliothèque seront installés dans les locaux qui composaient la Villa, outre divers aménagements tendant à sa conservation et à son embellissement.

STATUE
DE
SIMON BOLIVAR
ÉRIGÉE
à San Pedro de Alejandrino, près Santa Marta (Colombie)

SIMON BOLIVAR

Esquisse de Graphologie comparée

L'écriture penchée nous indique le grand cœur du héros vénézuélien; les angles aigus des lettres B et O, son énergie et sa persévérance ; l'ouverture de la lettre O, sa franchise ; l'ampleur du mot, son courage et sa défensivité ; le paraphe arachnéïde, son habileté de négociateur et de concentrateur. Et si nous jetons un coup d'œil sur son portrait, nous remarquons dans son beau front une vaste intelligence ; dans les sourcils bien arqués, l'audace et la confiance en soi; dans le dessin ferme du nez, la valeur morale ; dans la bouche serrée, la finesse acquise, et dans tout l'ensemble un air de grandeur propre à dominer les foules.

A. Suire.

Miranda

IRANDA, François-Antoine-Gabriel, naquit le 9 juillet 1756. C'est à tort que certains historiens, notamment Thiers et Lamartine, le font naître au Pérou et d'autres à Maestricht (Hollande), car c'est à Caracas, aujourd'hui la capitale du Vénézuéla, qu'il vit le jour. Après avoir fait ses études à l'Université de Caracas, il partit à l'âge de 17 ans pour l'Espagne dont le roi, qui tenait en haute estime sa famille, lui confia le commandement d'une compagnie; là, il fit venir de France des professeurs de mathématiques et de génie militaire afin de compléter son instruction; il fit ses premières armes dans la campagne d'Alger et à la défense de Melila où il combattit vaillamment. Lors de l'insurrection des colonies anglaises d'Amérique contre l'Angleterre, Miranda sollicita en vain l'honneur d'aller servir la cause de l'Indépendance; mais bientôt la France et l'Espagne ayant pris parti pour les Américains, il put enfin partir avec le corps expéditionnaire comme aide de camp du général en chef; ses relations avec les principaux chefs de l'insurrection américaine développèrent en lui cet immense amour de la liberté qui fut toujours le mobile de toutes ses actions, et c'est alors qu'il conçut le sublime projet d'affranchir son pays du joug espagnol.

Mais, auparavant, Miranda voulut observer de près les institutions des peuples; inquiété par le gouvernement espagnol, qui voyait d'un mauvais œil ses allures et fit même brûler, un jour, au nom de la sainte Inquisition, sa bibliothèque uniquement composée d'ouvrages révolutionnaires, il donna sa démission d'officier et parcourut alors successivement l'Angleterre, la Prusse, la Saxe, l'Autriche, l'Italie, la Grèce, l'Asie mineure, la Turquie et enfin la Russie. Présenté à Catherine II par le prince Potemkin, son premier ministre, dont il avait su conquérir l'amitié, celle-ci, frappée par son immense savoir et sa connaissance approfondie des hommes et des choses, lui proposa un emploi à son choix. Miranda refusa cette offre flatteuse voulant, disait-il, se consacrer tout entier à l'unique but de sa vie : l'affranchissement de sa patrie ; mais comme l'Espagne le faisait réclamer par son ministre, Catherine II, pour le mettre à l'abri, lui décerna le titre de colonel.

En 1790, il revint à Londres après avoir parcouru la Suède et la Norvège, le Danemark, les villes hanséatiques, la Suisse et la France; il faillit même entraîner Pitt dans une insurrection de l'Amérique espagnole.

Ce mouvement en faveur de son pays, que Miranda n'avait pu faire éclater en Angleterre, il crut pouvoir le provoquer en France, qui était alors en pleine révolution.

Convaincu que, de la Révolution Française, naîtrait enfin l'ère de la liberté pour l'Amérique du Sud, il revient à Paris, se lie avec Pétion, Brissot et les Girondins et embrasse avec enthousiasme leurs idées; désireux de s'acquérir des droits à la reconnaissance de la nation française, afin de l'attacher plus tard à sa cause, il accepte du service et part en qualité de maréchal de camp rejoindre Dumouriez chargé d'arrêter l'invasion des armées prussiennes et autrichiennes; malheureusement, Dumouriez se fit battre au défilé des Argonnes; Miranda, qui avait su rallier sa division, prit alors le commandement et montra

LE GÉNÉRAL FRANÇOIS MIRANDA

Citoyen Vénézuélien,
Général de Division aux Armées françaises (1756-1816).

les plus brillantes qualités dans cette fameuse retraite où il sauva l'armée française ; et trois jours après, celle-ci répara ses désastres par l'éclatante victoire de Valmy.

Nommé lieutenant général à la suite de ces exploits, il fait la campagne de Belgique, est au premier rang à la victoire de Jemmapes, et, le 14 novembre 1792, Dumouriez fait avec son armée victorieuse son entrée triomphale dans Bruxelles ayant Miranda à sa droite et à sa gauche le général Chartres (plus tard le roi Louis-Philippe); le 26 novembre 1792, Miranda s'empare d'Anvers et pacifie ensuite toute la Flandre.

Pendant ce temps, Miranda avait été vivement sollicité par le gouvernement d'aller dans l'Amérique du sud provoquer un mouvement insurrectionnel contre l'Espagne.

« *Le sort de cette dernière révolution dépend d'un homme*, écrivait le 28 novembre 1792 à Dumouriez Brissot, président du Comité de défense nationale ; *Vous le connaissez, vous l'estimez, vous l'aimez : c'est Miranda; son nom lui vaudra une armée et ses talents, son courage, son génie, tout nous répond du succès. Les ministres sont tous d'accord sur ce choix, mais ils craignent que vous refusiez de céder Miranda; je leur ai dit: vous ne connaissez pas Dumouriez....; il brûle de voir la révolution du Nouveau-Monde s'accomplir, il sait que Miranda est le seul homme capable de la faire et quoiqu'il ait besoin de lui, il le cédera parce qu'il saura qu'il est plus utile ailleurs.* »

Miranda qui ne se dissimulait pas les difficultés insurmontables que rencontrait, pour l'heure, ce grandiose projet refusa cette mission et le poste de gouverneur général de St-Domingue.

Dès la fin de 1792, Brissot et Pétion auraient voulu remplacer Dumouriez par Miranda comme général en chef. « Dumouriez ne peut nous convenir, écrivait Brissot au Ministre de la guerre, je me suis toujours méfié de lui, Miranda est le général de la chose, il entend le pouvoir révolutionnaire, il est plein d'esprit et de connaissances.» Mais Miranda était étranger et presque inconnu en France et ce projet fut abandonné; plus tard, cependant, il fut désigné pour remplacer Monge au Ministère de la marine, mais Dumouriez fit rapporter cette décision en déclarant que si on lui enlevait Miranda, il ne pouvait se charger des opérations à lui confiées.

Le 5 Janvier 1793, Miranda est nommé commandant en chef de l'armée de Belgique; il prend part à la campagne de Hollande et sur ses sages observations le Conseil exécutif rejette le projet de Dumouriez d'envahir la Zélande; en six jours, Miranda marche sur Maeseyck, s'en empare, prend Stevenswerdt et le fort St-Michel, bat les Prussiens à Roermond et les force à repasser le Rhin. Mais ces succès ne devaient pas être de longue durée, grâce à l'imprévoyance de Dumouriez; Miranda reçoit de ce dernier l'ordre de bombarder Maestricht et, le 21 février 1793, n'ayant que 25 bouches à feu et 15.000 hommes, il commence l'investissement de cette place forte, avec une méthode des mieux conçues qui lui vaut les éloges du ministre de la guerre Bournonville. «Le plan de vos opérations que « j'ai examiné avec beaucoup d'attention, lui écrit celui-ci, « m'a paru très sage et bien concerté » Déjà il ne désespère plus du succès, déjà il a fait les sommations, lorsque malheureusement, Lanoue est impuissant à contenir en avant d'Aix-la-Chapelle un corps d'armée autrichien, fort de 40.000 hommes, qui se portait au secours de Maes-

tricht; l'armée française d'observation est forcée, elle bat
en retraite et cet échec oblige Miranda à lever le siège de
Maestricht. Dans cette retraite, Miranda, avec son habileté
ordinaire, accomplit des prodiges; il parvient hardiment
à se réunir à Valence, opère avec ordre sa retraite sur
Liège et occupe les hauteurs de Louvain d'où il couvre la
Belgique, en attendant des secours de France.

C'est alors que Dumouriez, désespéré de l'insuccès de
plans conçus à la légère et aigri contre la Convention
nationale dont il n'a plus la confiance, revient de Hollande
prendre le commandement en chef; il cherche à faire
partager à l'armée ses ressentiments contre la Convention; seul, parmi ses généraux, Miranda résiste et lui fait
de sévères remontrances; dès lors Dumouriez a juré de le
perdre; il cesse de le consulter sur ses opérations, faute
impardonnable; au lieu de couvrir seulement Louvain,
situé dans une forte position, en attendant des renforts de
France, Dumouriez avance jusqu'à Nerwinde, et, le 18 mars
1793, à onze heures du matin, il donne l'ordre de livrer
bataille. Les troupes françaises sont débordées et mises en
déroute et Miranda est encore chargé de couvrir la retraite
de l'armée à Pellemberg; pendant qu'il s'acquittait valeu-
reusement de cette tache délicate, Dumouriez, déjà traitre
à la Patrie, rejetait sur Miranda sa honteuse défaite et
le dénonçait à la Convention nationale.

Traduit le 8 avril 1793 devant le tribunal révolutionnaire,
Miranda se lava des accusations portées contre lui par Dumouriez et fut, le 16 mai 1793, acquitté à **l'unanimité**, après
une brillante plaidoirie de Chauveau-Lagarde, son défen-
seur; quinze jours plus tard, ses amis les Girondins per-
daient le pouvoir et il les rejoignait en prison; élargi
environ deux ans après, le Directoire lui offrit le comman-

dement d'une armée; il répondit qu'il avait combattu de bon cœur pour la liberté mais qu'il ne voulait pas se battre pour faire des conquêtes. Injustement arrêté, le 6 frimaire an IV, et expulsé de France, il rentra quelque temps après à Paris et y vécut en sécurité jusqu'à la Révolution du 18 Fructidor an IV, où il fut inscrit sur la liste des déportés et même sur celle des émigrés. Miranda passa en Angleterre et ne revint en France qu'en 1804. Bonaparte, premier consul, alors omnipotent, refusa de comprendre parmi les généraux de l'armée française, Miranda dont le caractère indépendant ne lui plaisait pas. Arrêté lors du complot de la machine infernale, son innocence fut reconnue et il se retira alors définitivement à Londres.

Déjà, en 1796, Miranda avait entamé des négociations avec l'Angleterre en vue d'un soulèvement des colonies espagnoles d'Amérique, mais elles avaient échoué par suite du refus des Etats-Unis de se joindre à cette opération de crainte de s'aliéner l'Espagne. En 1801, Miranda reprit ses projets que la paix d'Amiens fit mettre de côté; en 1804, la guerre ayant éclaté avec l'Espagne, il rappela à Pitt ses promesses d'autrefois: les négociations furent menées rapidement et tout était prêt, lorsque l'espoir du triomphe de la troisième coalition contre la France républicaine ajourna encore la question de l'émancipation de l'Amérique espagnole.

Las de se voir ainsi joué par l'Angleterre qui préférait faire des conquêtes pour son propre compte, Miranda, sur les conseils d'émigrés vénézuéliens, résolut hardiment de tenter un coup de main sur son pays natal, l'Espagne et la France étant alors en démêlés; le moment d'agir lui parut favorable; privé des secours qu'il espérait des Etats-Unis et de l'Angleterre, il tenta en vain de débarquer à

Coro; une seconde fois, il ne fut pas plus heureux et ne réussit qu'à sauver sa tête mise à prix; il rentra alors en Angleterre.

Survinrent les événements de la Péninsule de Charles-Quint; Napoléon avait assis son frère Joseph sur le trône; l'abdication du roi Charles IV en faveur de son fils Ferdinand, l'occupation prolongée de l'Espagne et la captivité de son roi avaient porté une grave atteinte au prestige de la métropole dans ses colonies; abandonnées à leurs propres ressources, obligées de s'administrer et de se défendre elles-mêmes, souvent en dissentiment avec la junte centrale, l'idée d'indépendance devait bientôt germer parmi elles. C'est ainsi qu'en 1810 la junte vénézuélienne bannit le capitaine-général et les membres de l'Audience et nomme un pouvoir exécutif de trois membres qui gouvernera le Vénézuéla au nom de Ferdinand VII prisonnier.

C'était l'indépendance de fait; il fallait la maintenir. Simon Bolivar vint alors à Londres, avec une députation, solliciter l'appui de l'Angleterre; ses démarches échouèrent. Miranda, pendant ce temps, s'était lié avec lui et avait réussi à lui inculquer ses idées républicaines. Le 10 décembre, Miranda, qu'avait précédé Bolivar, débarquait sur le sol natal; unis dans un même but : *le triomphe de la liberté*, ils commencèrent par créer des sociétés patriotiques, à l'instar de celles de la Révolution française et ils firent de si nombreux prosélytes que Miranda, qui avait été élu député et nommé lieutenant-général, put voir enfin, le 5 juillet 1811, le Congrès de Caracas déclarer le Vénézuéla libre et constitué en République.

Un gouvernement fut modelé sur celui des Etats-Unis,

mais avec un patriciat et un exécutif plus fort. Un manifeste fut adressé à toutes les nations et Luis Delpech fut chargé d'établir des relations entre le nouveau gouvernement et l'Angleterre. Enfin, le 14 juillet 1811, le drapeau national créé par Miranda fut arboré à Caracas.

Trois provinces tenant pour l'Espagne, la guerre civile éclata bientôt; une première armée de la République fut complètement anéantie. Miranda prit alors le commandement et parvint à s'emparer de Valencia (13 août 1811). Mais bientôt les royalistes reprennent l'avantage et Santa-Cruz est incendiée par eux. Cependant, les Républicains se maintenaient dans leurs positions, lorsque le 26 mars 1812, un tremblement de terre sema la mort et la ruine, surtout dans les régions du Vénézuéla occupées par eux ; les esprits encore imbus de superstition y virent le doigt de Dieu. La cause de l'indépendance semblait perdue.

En vain le Congrès investit Miranda de tous les pouvoirs ; en vain celui-ci prit le titre de généralissime et proclama à Maracay la loi martiale ; en vain il chercha par l'exemple à ranimer le courage de ses troupes que décimaient la désertion, les fatigues et la famine; Puerto-Cabello, le dernier rempart de l'indépendance, défendue par Bolivar, se rendit aux Espagnols, grâce à la trahison de Venoni qui leur livra le fort de San Felipe et Miranda apprit cette triste nouvelle, au moment même où il célébrait, avec son armée, le premier anniversaire de la proclamation de la République vénézuélienne.

La lutte n'était plus possible et le héros de Pichincha et de Ayacucho capitulait le 25 juillet 1812 à Maracay.

La République du Vénézuéla disparaissait momentanément du rang des nations.

Fait prisonnier à la Guayra par les Espagnols, le

30 juillet 1812 au moment où, avec Simon Bolivar, il s'embarquait pour l'Angleterre, incarcéré à la prison de Puerto-Cabello, puis au fort du Morro de Puerto Rico, il fut enfin emmené en Espagne et enfermé dans la célèbre prison de l'arsenal de la Carraca, près Cadix. Une fin terrible l'y attendait et c'est dans un immonde cachot, après avoir vu échouer, par la trahison d'un faux ami, ses projets d'évasion, que devait mourir cet homme de génie qui avait si noblement combattu pour la liberté. Vaincu par la fièvre et les souffrances les plus atroces, Miranda rendit le dernier soupir, à l'âge de 60 ans, le 14 juillet 1816.

Ainsi mourut cet apôtre et martyr de l'Indépendance du Vénézuéla qui, par ses hautes qualités, sa connaissance approfondie de l'art militaire et son profond amour de la liberté, étonna ses contemporains.

Les Vénézuéliens n'ont pas oublié le précurseur de leur indépendance et mûs par un pieux souvenir à sa mémoire, ils ont, depuis la Constituante de Cucuta (12 juillet 1814), conservé comme drapeau national celui qu'il avait conçu et fait adopter par le congrès de 1811.

Ses cendres n'ont pu être retrouvées, mais sur la proposition et par décret de l'éminent général Joaquin Crespo, président de la République du Vénézuéla, en date du 22 Janvier 1895, contresigné par ses ministres Ezéquiel Rojas, Fabricio Conde, Guerra, Lutowsky, David Léon, Luis Ezpelusin et Tosta Garcia, un cénotaphe, digne de la mémoire de Miranda, lui a été élevé dans une chapelle du Panthéon national, à Caracas.

L'inauguration de ce monument a eu lieu, le 5 juillet 1896, au milieu de réjouissances sans précédents.

Le souvenir de Miranda est également conservé en

3

France; son nom est inscrit sur l'Arc de Triomphe de l'Etoile, à Paris, parmi les gloires militaires de la Révolution et son effigie figure dans la galerie des portraits du musée de Versailles.

Nous ne saurions mieux terminer cette biographie de Miranda que par ces passages de Michelet :

« Cet homme héroïque, austère, né noble et très riche « sacrifia, dès sa jeunesse, son repos et sa fortune au « triomphe d'une idée : l'affranchissement de l'Amérique « espagnole. Il n'y a pas d'exemple d'une vie si complè- « tement dévouée, systématisée tout entière au profit « d'une idée, sans qu'un seul moment fût donné jamais à « l'intérêt, à l'égoïsme.... Personne n'avait plus d'esprit, « personne n'était plus instruit. Quant au courage, s'il « n'avait pas la brillante initiative de nos militaires fran- « çais, il eut au plus haut degré la fermeté castillane et « cette noble qualité était fondée sur une autre bien glo- « rieuse : la force et la profondeur de sa foi révolution- « naire. »

Etienne-Philippe Piraud,

Ancien magistrat
Avocat-Avoué.

DEUX HÉROS

Miranda et Bolivar sont les deux plus grandes figures de la démocratie sud-américaine ; le précurseur Miranda, à qui la République Vénézuélienne vient de rendre un solennel hommage de respect et d'admiration, vit son œuvre continuée et accomplie par Bolivar. Leur nom résume une belle épopée et symbolise une époque où les splendeurs de la victoire eurent pour couronnement l'émancipation des peuples du Nouveau-Monde, issus de la fière et impérissable race latine.

Frère d'armes et volontaire de Washington, ami du général Lafayette, général et soldat de la République française, sous la Convention, Miranda a pris part aux mémorables événements de son temps : l'indépendance Nord-Américaine, la Révolution française, l'Indépendance de l'Amérique latine.

Trahi, comptant sur la foi jurée et la loyauté chevaleresque, il succombe, il est fait prisonnier par les royalistes. Jeté dans un cachot, conduit à la prison de la Carraca, près Cadix, il meurt en captivité, le 14 Juillet 1816. Cet homme héroïque, austère, né noble et très riche se sacrifia pour le triomphe de ses idées; il mourut pauvre et martyr. « Miranda, vainqueur ou vaincu, paraîtra tou- « jours grand comme un des plus fervents apôtres de la « liberté dans les deux mondes. » (A. Rojas 1889.)

Mais son œuvre ne resta pas inachevée : le Libérateur Bolivar la continua et l'acheva. — Peu d'auréoles brille- « ront d'un éclat plus glorieux dans le Panthéon de l'hu-

« manité. — Ce n'est pas un aveuglant météore qui
« brille et disparait, le Libérateur a fait œuvre éternelle.»
(V. Amiral Réveillère 1849.)

Leur idéal fut complet, grand, sublime, bien digne de
l'humanité et de la civilisation! Leur tombe est entourée
aujourd'hui de l'auréole de l'immortalité.

Elevé en France, ayant fait ses études à Paris, vers
1800, où il suivait les cours de l'Ecole Normale et de l'Ecole
Polytechnique, Bolivar aimait beaucoup les Français.

L'un d'eux, le savant Boussingault (1802-1887) fut très
lié d'amitié avec lui, durant un séjour prolongé au Vénézuéla, vers 1822, il fut, croit-on, l'un de ses conseillers.

«Simon Bolivar, a dit Boussingault dans ses mémoires,
« était un petit homme au-dessous de la moyenne, por-
« tant une tête un peu disproportionnée à sa taille, mais
« très énergique, un regard vif, yeux bruns, cheveux
« noirs, teint bistré, bras longs, membres grêles, une
« grande vivacité dans les mouvements. — Il était expan-
« sif, bienveillant avec ses inférieurs, généreux à l'excès,
« vivant d'une manière très simple, sobre. »

« Patriote vénézuélien, Bolivar a pour objectif la déli-
vrance de son pays natal, mais guidé par un génie politique égal à son génie militaire, il considérait avec raison
toutes les possessions espagnoles comme solidaires. »
(V. Amiral Réveillère).

Sous l'un et l'autre aspect, Bolivar ne peut être confondu, en effet, avec d'autres grands hommes qui, quoique
leur carrière ait laissé plus d'éclat dans l'histoire de leur
époque, n'ont agi peut-être que dans l'intérêt de leur pouvoir personnel ou pour l'agrandissement d'une nation au
détriment des autres nations. — Si l'histoire est la résur-

rection des hommes et des peuples, aucune n'est plus glorieuse que celle du Libérateur !

« Son nom, idole de l'Amérique, traverse les mers sur
« les ailes de la Renommée immortelle, pour être l'éton-
« nement de l'Europe, qui l'acclame, le salue aussi comme
« un homme extraordinaire. » — (Hector Varela, 1883.)

Plusieurs statues ont été érigées au Vénézuéla et en
Colombie en l'honneur de Simon Bolivar. D'autres villes
ont suivi cet exemple.

Il y a quelques années, la ville de Paris, sur la demande
d'un américain, le Dr H. Antich, a rendu hommage à sa
mémoire. Grâce à l'appui de Victor Hugo et de M. de Heredia, ancien ministre, ancien président du Conseil municipal de Paris, le nom de Bolivar fut donné à l'une des
rues populaires de la Métropole.

Sur l'Arc-de-Triomphe de l'Etoile, parmi les noms qui
ornent la voûte du Monument, il y a inscrit le nom d'un
vénézuélien, d'un enfant de Caracas : Miranda !

Et Bolivar et Miranda n'ont pas eu encore leur statue
érigée dans la ville Lumière ! Washington y a la sienne.

Le gouvernement actuel du Vénézuéla, dont le chef
illustre et président, le général Crespo, a donné tant de
preuves de patriotisme à ses concitoyens et d'amitié à la
France, s'est souvenu du patriotisme glorieux légué par
Miranda à son pays, alors qu'il combattit pour la cause
libérale, sous le drapeau tricolore de la France républicaine. Aussi vient-il de fêter dignement les gloires de ce
héros et martyr.

Puissions-nous reconnaître bientôt, par l'érection de leur
statue, que des hommes comme Bolivar et Miranda ser-
viront toujours de trait d'union fraternel entre la Démocratie française et la Démocratie sud-américaine,

Léon Gautier. — G. Muller.

MINISTERIO DE RELACIONES EXTERIORES

Gaceta oficial

(Numero extraordinario)

SUMARIO

CONGRESO NACIONAL

EL CONGRESO DE LOS ESTADOS UNIDOS DE VENEZUELA

Decreta :

Art. 1º. — La Condecoración del Busto del Libertador, creada por el Congreso del Perú en 1825 y adoptada por Venezuela, por Decreto Legislativo de 11 de Marzo de 1854 y Decreto de 14 de Setiembre de 1880, para recompensar á los servidores notables de la Patria, así como los servicios hechos á la humanidad y á la civilización de los pueblos; continuará bajo la misma denominación y comprenderá cinco clases con los nombres de : primera, segunda, tercera, cuarta y quinta, en cuyo orden se indican los grados que á éllas coresponden.

Art. 2º. — Las clases : quinta, cuarta y tercera serán ilimitadas; la clase segunda no excederá de ciento y la clase primera, de cincuenta agraciados.

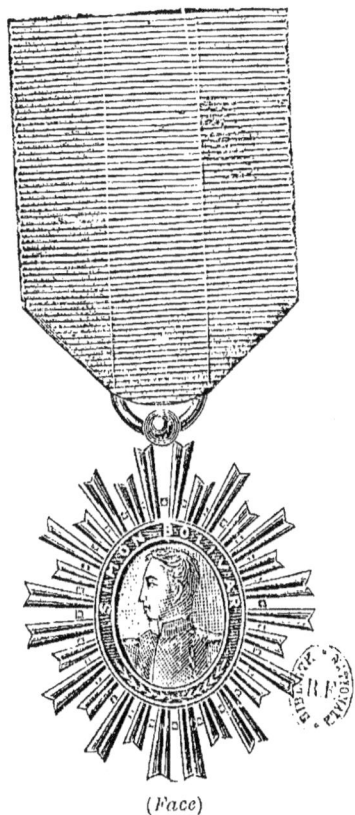
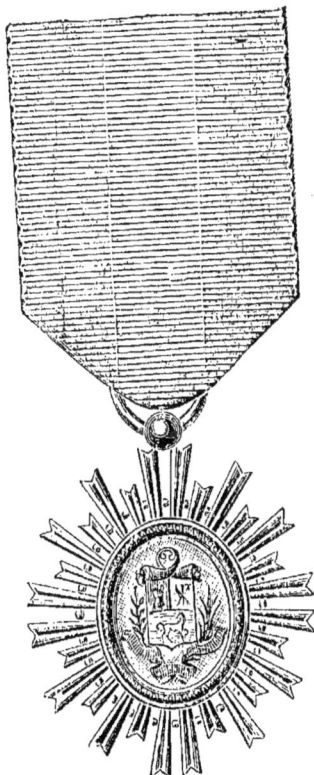

(*Face*)   (*Revers*)

Insignes de 5ᵉ classe (Chevalier)
De l'Ordre National du Buste du Libérateur

Rosette
pour
la 4ᵉ classe
(Officier)

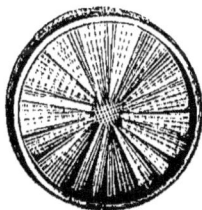

L'insigne de la 4ᵉ classe (Officier) est semblable à celui de la 5ᵉ; le ruban, aux mêmes couleurs, est surmonté d'une rosette.

MINISTÈRE DES RELATIONS EXTÉRIEURES

Gazette officielle

(Numéro extraordinaire)

SOMMAIRE

CONGRÈS NATIONAL

LE CONGRÈS DES ÉTATS-UNIS DU VÉNÉZUÉLA

Décrète :

Art. 1er. — La décoration du Buste du Libérateur, créée par le Congrès du Pérou en 1825 et adoptée par le Vénézuéla, par Décret Législatif du 11 mars 1854 et par Décret du 14 septembre 1880, pour récompenser les serviteurs notables de la Patrie, ainsi que les services rendus à l'humanité et à la civilisation des peuples, continuera d'exister, sous la même dénomination, et comprendra cinq classes, avec les noms de première, deuxième, troisième, quatrième et cinquième, ordre dans lequel on indique les grades qui leur correspondent.

Art. 2mo — Les cinquième, quatrième et troisième classes seront illimitées; la seconde classe n'excédera pas cent et la première classe cinquante titulaires.

Este límite se refiere á las designaciones hechas en favor de ciudadanos de Venezuela.

Art. 3º. — Las insignias de la Condecoración del Busto del Libertador serán para todos los grados : una medalla de oro de forma elíptica con treinta y cinco milímetros en su mayor diámetro, y veinte y ocho milímetros en el menor, con diez y seis radios de un centímetro y doce de seis. En el anverso, lleva en el centro de la medalla la efigie del Libertador, en relieve, de oro mate sobre fondo pulido, en una elipse paralela á los bordes de la medalla, cuyo mayor diámetro es de veinte milímetros, y el menor de diez y seis milímetros, rodeada de una faja azul de tres milímetros de ancho, con esta inscripción en la parte superior : « Simon Bolivar, » y en la parte inferior un ramo de olivas. En el reverso llevará en un elipse igual, las armas de los Estados Unidos de Venezuela, en relieve. La cinta de la Condecoración será de tres centímetros de ancho y otro tanto de largo, de las colores del Pabellón Venezolano, es decir, amarillo, azul y rojo.

Art. 4º. — Los agraciados de la quinta clase, llevan la joya de la Condecoración del lado izquierdo del pecho con una cinta cuyos colores se indican anteriormente.

Los de la cuarta clase la llevan del mismo modo; pero con una roseta.

Los de la tercera usarán una joya de cincuenta por cincuenta y cuatro milímetros colgante de cuello en una cinta más ancha que la de los grados anteriores.

Los de la segunda clase llevarán también la Condecoración al cuello, y además del lado izquierdo del pecho una estrella de ocho radios, de plata abrillantada, del diámetro de setenta por ochenta milímetros, representando en el centro la efigie del Libertador.

Cette limitation se rapporte aux nominations faites en faveur de citoyens du Vénézuéla.

Art. 3me. — Les insignes de la Décoration du Libérateur seront, pour tous les grades, une médaille d'or de forme elliptique, ayant trente-cinq millimètres suivant son plus grand diamètre et vingt-huit millimètres suivant son plus petit, avec seize rayons d'un centimètre et douze de six. Au recto, elle porte, au centre, l'effigie en relief du Libérateur, en or mat sur fond bruni, dans une ellipse parallèle aux bords de la médaille et dont le plus grand diamètre est de vingt millimètres et le plus petit de seize millimètres, laquelle est entourée d'une bande bleue de trois millimètres de largeur, avec cette inscription dans la partie supérieure : « Simon Bolivar » et, dans la partie inférieure, un rameau d'olivier. Au revers, elle portera dans une ellipse semblable, les armes des Etats - Unis du Vénézuéla en relief. Le ruban de la Décoration sera de trois centimètres de largeur et du double de longueur, aux couleurs du drapeau Vénézuélien, c'est-à-dire jaune, bleu et rouge.

Art. 4me. — Les titulaires de la cinquième classe portent le bijou de la décoration du côté gauche de la poitrine avec un ruban dont les couleurs sont indiquées ci-dessus.

Ceux de la quatrième le portent de la même façon, mais avec une rosette.

Ceux de la troisième porteront un bijou de cinquante sur cinquante-quatre millimètres, suspendu au cou par un ruban plus large que ceux des deux grades précédents.

Ceux de la seconde classe porteront également la décoration au cou, et de plus, au côté gauche de la poitrine, une étoile à huit rayons, en argent brillanté, du diamètre de soixante-dix millimètres sur quatre - vingts, présentant au centre, l'effigie du Libérateur.

Los de la primera clase llevarán la Condecoración en una banda de derecha á izquierda, pendiente de una cinta de ciento dos milimetros de ancho y además la estrella de la clase anterior.

Art. 5º. — La Condecoración del Busto del Libertador será conferida por el Presidente de la República con la aprobación del Consejo Federal, á quien el Ministro respectivo indicará los méritos ó servicios de la persona condecorada. Los nombramientos se publicarán en la GACETA OFICIAL y se inscribirán en un registro que se llevará en el Ministerio de Relaciones Interiores.

Art. 6º, — Dados los merecimientos y servicios que hagan digno al agraciado, éste tendrá derecho al Busto del Libertador de la manera siguiente :

Quinta clase. A los empleados y funcionarios que no ejercen jurisdicción en cualquier ramo de la Administración; á los oficiales del ejército hasta Coronel ó su equivalente en la marina; á los periodistas, artistas, industriales y demás ciudadanos que se distinguieren en las ciencias, las letras ó las artes.

Cuarta clase. A los empleados que ejercen jurisdicción en los Estados; á los oficiales generales; á los Directores de los Ministerios, Secretarios-generales de Gobierno y miembros de las Legislaturas de los Estados; á los Cónsules y Vicecónsules; á los Rectores de los Colegios Nacionales y otros Institutos de enseñanza secundaria; á los Presidentes de las facultades y Directores de Academias ó Corporaciones científicas y literarias.

Tercera clase. A los Presidentes de los Estados y Presidentes de sus Asambleas Legislativas; á los Prelados Diocesanos; á los Rectores de las Universidades; á los Cónsules generales y Agentes confidenciales ; á los Sena-

Ceux de la première classe porteront la décoration en écharpe, de droite à gauche, suspendue à un ruban de cent deux millimètres de largeur, et, en outre, l'étoile de la classe précédente.

Art. 5°. — La décoration du Buste du Libérateur sera conférée par le Président de la République, avec l'approbation du Conseil Fédéral auquel le Ministre compétent indiquera les mérites ou les services de la personne décorée. Les nominations seront publiées dans la *Gazette Officielle* et seront inscrites dans un registre qui sera déposé au Ministère de l'Intérieur.

Art. 6°. — Étant donné les mérites ou les services qui en rendent digne le titulaire, celui-ci aura droit au Buste du Libérateur, de la manière suivante :

Cinquième classe. Aux employés et fonctionnaires qui n'exercent pas de juridiction dans quelque branche de l'Administration; aux officiers de l'armée jusqu'au colonel ou son équivalent dans la marine; aux publicistes, artistes, industriels et autres citoyens qui se sont distingués dans les sciences, les lettres et les arts.

Quatrième classe. Aux employés qui exercent une juridiction dans les États; aux Officiers généraux, aux Directeurs des Ministères ; aux Secrétaires-généraux de Gouvernement et Membres des Assemblées législatives des États; aux Consuls et Vice-consuls ; aux Proviseurs des Collèges Nationaux et autres Institutions d'enseignement secondaire ; aux Présidents des Facultés et Directeurs d'Académies et de Corporations scientifiques et littéraires.

Troisième classe. Aux Présidents des États et aux Présidents de leurs Assemblées législatives ; aux Prélats Diocésains ; aux Recteurs des Universités ; aux Consuls généraux et Agents confidentiels ; aux Sénateurs et

dores y Diputados á la Legislatura Nacional; á los miembros de las Altas Cortes Nacionales, Consejos Federales y Tribunales con jurisdicción en toda la República; á los generales en Jefe.

Segunda Clase. A los Ministros del Despacho; á los Presidentes de las Cámaras; á los Presidentes de las Altas Cortes Nacionales y demás Cuerpos expresados en el número anterior; á los Próceres de la Independencia; á los Ministros Diplomáticos acreditados en el Exterior.

Primera clase. A los que hayan ejercido el Ejecutivo Nacional y á los Jefes Soberanos de Naciones amigas.

Art. 7º. — La enumeración anterior no impide la concesión del Busto del Libertador en una clase más elevada entre las expresadas en el artículo anterior, á los venezolanos que se hayan hecho acreedores á mayor distinción. Lo mismo se observará respecto de los extranjeros.

Art. 8º. — La concención del Busto del Libertador tiene lugar por medio de un diploma firmado por el Presidente de la República, y refrendado por el Ministro del Departamento, en el cual la persona condecorada haya adquirido los títulos para la distinción obtenida.

Los diplomas otorgados á los extranjeros les serán remitidos por medio del Ministro de Relaciones Exteriores de su país, sino hubiere allí Legación Venezolana.

Art. 9º. — El diploma será redactado en los términos siguientes :

El Presidente de los Estados Unidos de Venezuela, con la aprobación del Consejo Federal, confiere la Condecoración de ....
del Busto del Libertador al..............................

Esta órden instituida en memoria del Héroe fundador de cinco repúblicas de la America del Sur, es el honor

Croix de la 3e Classe
(Commandeur)

Députés à l'Assemblée législative Nationale, aux membres des Hautes Cours Nationales, Conseils fédéraux et Tribunaux avec juridiction dans toute la République ; aux Généraux en chef.

Seconde classe. Aux Ministres en exercice ; aux Présidents des Chambres ; aux Présidents des Hautes Cours Nationales et autres corps désignés au paragraphe précédent ; aux Mainteneurs de l'Indépendance, aux Ministres Diplomatiques accrédités à l'Extérieur.

Première Classe. A ceux qui ont exercé le Pouvoir Exécutif National et aux Chefs et Souverains de Nations amies.

Art. 7º. — L'énumération qui précède n'empêche pas la collation du Buste du Libérateur dans une classe plus élevée, parmi celles mentionnées dans l'article précédent, en faveur des Vénézuéliens qui se sont rendus dignes d'une plus haute distinction. La même observation s'appliquera relativement aux étrangers.

Art. 8º. — La collation du Buste du Libérateur s'effectue au moyen d'un diplôme signé par le Président de la République et contre-signé par le Ministre du Département dans lequel la personne décorée a acquis les titres à la distinction conférée.

Les diplômes conférés aux étrangers leur seront remis par l'intermédiaire du Ministre des Affaires Etrangères de leur pays, s'il n'y existe pas une Légation de Vénézuéla.

Art. 9º.—Le diplôme sera conçu dans les termes suivants:

Le Président des Etats-Unis du Vénézuéla, avec l'approbation du Conseil Fédéral, confère la décoration de..
du Buste du Libérateur à...........................

Cet Ordre, institué en mémoire du Héros fondateur de cinq Républiques de l'Amérique du Sud, est l'honneur le plus apprécié que la Patrie accorde à ses serviteurs dis-

más preciado que la Patria acuerda á sus servidores distinguidos, asi como aquellos que, siendo ó no del pais, se hacen dignos por su mérito sobresaliente, ó por los servicios que prestán á la humanidad ó á la civilización de los pueblos, de esta ilustre distinción. »

Art. 10º. — La cantidad que debe pagarse para gastos de cancilleria se fija en diez bolivares para la quinta clase; en veinte y cinco para la quarta; cincuenta para la tercera; ochenta para la segunda y ciento para la primera.

Los extranjeros no residentes están exceptuados del pago de estos derechos, que se satisfarán en estampillas de escuellas federales.

Art. 11º. — Toda condenación motivada por un acto deshonroso ó infamante, hace perder el derecho á la condecoración obtenida.

Art. 12º. — Los Ministros darán anualmente cuenta al Congreso de las personas á quienes se haya concedido el Busto del Libertador.

Disposicion transitoria.

Art. 13ª. — Los Venezolanos ó extranjeros que hayan sido condecorados con el Busto del Libertador podrán recibir en cambio del diploma que tengan, uno nuevo, confiriéndoles el grado de la clase correspondiente según este Decreto.

Dado en el Palacio del Cuerpo Legislativo Federal en Caracas, á 26 de Abril de 1881. — Año 18º de la Ley y 23º de la Federación.

El Presidente de la Camara del Senado,

NICANOR BORGES.

El Presidente de la Camara de Diputados,

VICENTE AMENGUAL.

El Secretario del Senado,
Rafael Guerrero.   El diputado Secretario,
N. Augusto Bello.

tingués ainsi qu'à ceux qui, étant ou n'étant pas du pays, se montrent dignes, par leur mérite supérieur ou par les services qu'ils rendent à l'Humanité ou à la civilisation des peuples, de cette illustre distinction. (1)

Art. 10°. — La somme qu'on doit payer pour frais de chancellerie est fixée à dix bolivars pour la cinquième classe ; vingt-cinq pour la quatrième ; cinquante pour la troisième ; quatre-vingts pour la seconde et cent pour la première.

Les étrangers non résidents sont dispensés du paiement de ces droits, qui seront acquittés en timbres mobiles des écoles fédérales.

Art. 11°. — Toute condamnation motivée par un acte déshonorant ou infamant fera perdre le droit à la décoration obtenue.

Art. 12°. — Les Ministres rendront annuellement compte au Congrès des personnes auxquelles a été conféré le Buste du Libérateur.

Disposition transitoire.

Art. 13°. — Les Vénézuéliens ou étrangers qui ont été décorés du Buste du Libérateur pourront recevoir, en échange du diplôme qu'ils possèdent, un nouveau diplôme leur conférant le grade de la classe correspondante, conformément au présent décret.

Donné au Palais du Corps Législatif Fédéral, à Caracas, le 26 avril 1881. — An 18e de la Loi et 23e de la Fédération.

Le Président de la Chambre du Sénat,

NICANOR BORGES.

Le Président de la Chambre des députés,

VICENTE AMENGUAL.

Le Secrétaire du Sénat,
Rafael Guerrero.

Le Député Secrétaire,
N. Augusto Bello.

(1) *Note de l'auteur.* — Voir plus loin la gravure (fac-simile) du Diplôme.

Palacio Federal en Caracas, á 3 de Mayo de 1881. — Año 18º de la Ley y 23º de la Federación.

Ejecútese y cuídese de su Ejecución.

GUZMAN BLANCO.

Refrendado.

El Ministro de Relaciones Interiores.

DIEGO B. URBANEJA.

DECRETO EJECUTIVO

EL PRESIDENTE

DE LOS ESTADOS UNIDOS DE VENEZUELA

Con el voto afirmativo del Consejo Federal,

Decreta :

Art. 1º. La Condecoración del Busto del Libertador creada por el Congreso del Perú en 1825, adoptada por Venezuela en 1854, reglamentada por Decreto Ejecutivó de 14 de Setiembre del año próximo pasado de 1880, y reformada últimamente por la Ley de 3 de mayo del

Plaque de la 3º Classes
(Commandeur)

Palais Fédéral à Caracas, le 3 mai 1881. — An 18e de la Loi et 23e de la Fédération.

Soit promulgué et dûment exécuté,

GUZMAN BLANCO.

Contresigné :

Le Ministre de l'Intérieur,
DIEGO B. URBANEJA.

DÉCRET

PRÉSIDENCE DE LA RÉPUBLIQUE

LE PRÉSIDENT DES ÉTATS-UNIS DE VÉNÉZUÉLA

Sur le vote affirmatif du Conseil Fédéral,

Décrète :

Art. 1er. — La décoration du Buste du Libérateur, créée par le Congrès du Pérou en 1825, adoptée par le Vénézuéla en 1854, réglementée par Décret Exécutif du 14 septembre de la dernière année écoulée de 1880 et réfor-

4

presente año, está destinada á premiar á los notables
servidores de la Patria, recompensar el mérito sobresaliente y los servicios prestados á la humanidad y á la
civilización de los pueblos.

Art. 2º. Esta Condecoración puede ser otorgada tanto á
los venezolanos como á los extranjeros de uno y otro
sexo; y para su concesión está dividida en cinco clases
con los nombres de primera, segunda, tercera, cuarta y
quinta, en cuyo orden se explican los grados que á ellas
corresponden.

Art. 3º. La clase primera no excederá de cincuenta
agraciados; la segunda de ciento cincuenta, y las tres
restantes, á saber: tercera, cuarta y quinta, seran illimi-
tadas.

Este limite comprende solamente las concesiones que
se hagan en favor de ciudadanos de Venezuela.

Art. 4º. Las insignias de la Condecoración del Busto del
libertador se representan asi:

Una medalla de oro construida en la forma que deter-
mina el artículo 3º de la Ley de 3 de mayo citada, la cual
es común á todas las cinco clases establecidas.

Una estrella de ocho radios, de plata abrillantada, del
diámetro de 70 por 80 milimetros, representando en el
centro la efigie del Libertador en alto relieve, de oro mate
sobre fondo pulido, en una elipse paralela cúyo diámetro
mayor tenga 45 milimetros. Esta estrella y la banda de
que habla el artículo 4º de la citada Ley determinan la
1ª clase: La misma estrella sin la banda, constituye el
distintivo de la 2ª clase: La joya de la clase tercera será
de plata sin brillo, y llevara en el centro las armas de la
República, en alto relieve, en una elipse paralela de 25
milimetros en su diámetro mayor, y con los mismos

Plaque des 2ᵉ et 1ʳᵉ Classes
(Grand Officier et Grand'Croix)

mée en dernier lieu par la loi du 3 mai de la présente année est destinée à récompenser les notables serviteurs de la Patrie, à rendre hommage au mérite supérieur et aux services rendus à l'Humanité et à la civilisation des peuples.

Art. 2. — Cette décoration peut être conférée tant aux Vénézuéliens qu'aux étrangers de l'un et l'autre sexe; et pour sa collation, elle est divisée en cinq classes, sous les noms de première, seconde, troisième, quatrième et cinquième, ordre dans lequel sont définis les grades qui y correspondent.

Art. 3. — La première classe n'excédera pas cinquante titulaires ; la seconde, cent cinquante ; et les trois restantes, à savoir la troisième, la quatrième et la cinquième, seront illimitées.

Cette limitation comprend seulement les nominations qui se font en faveur des citoyens du Vénézuéla.

Art. 4.—Les insignes de la décoration du Buste du Libérateur sont ainsi représentées:

Une médaille d'or façonnée dans la forme que règle l'article 3 de la Loi du 3 mai précitée, laquelle est commune aux cinq classes établies ;

Une étoile à huit rayons d'argent brillanté, du diamètre de 70 sur 80 millimètres, représentant au centre l'effigie du Libérateur en haut relief, d'or mat sur fond bruni, dans une ellipse parallèle dont le grand diamètre a 45 millimètres. Cette étoile et la bande dont parle l'article 4 de la loi précitée déterminent la première classe; la même étoile sans la bande, constitue le signe distinctif de la seconde classe. Le bijou de la troisième classe sera d'argent, non brillanté, et portera au centre les armes de la République, en haut relief dans une ellipse parallele de 25

radios determinados para la estrella que corresponde á la primera y segunda clase. Esta joya irá colgante del cuello en una cinta de cuatro centímetros de ancho.

El distintivo de la cuarta clase es una roseta de 28 milímetros de diámetro, con los colores del Pabellón nacional; y

La Quinta clase solo tendrá por distintivo una cinta con los tres colores del Pabellón nacional, de 3 centímetros de largo y otros tantos de ancho.

Art. 5º. Cuando no se lleve la Condecoración, podrá indicarse por medio de una rosa con los colores de Pabellón venezolano, colocada en el ojal izquierdo del vestido.

Art. 6º. La concessión del Busto del Libertador se hará con las formalidades que establece el artículo 9º de la Ley de la materia, por El Presidente de los Estados Unidos de Venezuela, previa la aprobación del Consejo Federal, à quien se indicarán por el Ministerio respectivo los méritos y servicios del candidato y se publicará la gracia en la *Gaceta Oficial*.

Art. 7º. La Condecoración del Busto del Libertador será conferida conforme á lo determinado en el artículo 6º de la Ley, haciéndose antes la apreciación de los merecimientos y servicios del candidato, para concederle ó negarle la gracia, y en primer caso fijar la clase correspondiente al respectivo diploma.

Art. 8º. Los que por Decretos ó resoluciones anteriores hayan sido condecorados con el Busto del Libertador, podrán exigir en cambio del diploma que tengan, uno nuevo, confiriéndoles el grado de la clase correspondiente según la Ley, guardando las formalidades siguientes:

Insignes de la 1re Classe
(Grand'Croix)
en écharpe

millimètres à son plus grand diamètre, et avec les mêmes rayons arrêtés pour l'étoile qui correspond à la première et à la seconde classe. Ce bijou sera suspendu au cou par un ruban de quatre centimètres de largeur.

Le signe distinctif de la quatrième classe est une rosette de 28 millimètres de diamètre, aux couleurs du drapeau national ; et

La cinquième classe aura pour signe distinctif un ruban aux trois couleurs du drapeau national, de trois centimètres de largeur sur le double de longueur.

Art. 5. — Quand la décoration ne se porte pas, elle peut être indiquée au moyen d'un nœud aux couleurs du drapeau vénézuélien, placé à la boutonnière gauche du vêtement.

Art. 6. — La collation du Buste du Libérateur s'accomplira avec les formalités que prescrit l'article 9 de la Loi sur la matière, par le Président des États-Unis de Vénézuéla, après l'approbation du Conseil Fédéral, auquel seront indiqués, par le Ministère compétent, les mérites ou services du candidat ; et la promotion sera publiée dans la *Gazette Officielle*.

Art. 7. — La décoration du Buste du Libérateur sera conférée conformément à ce qui est réglé dans l'article 6 de la Loi, en se livrant au préalable à l'appréciation des mérites et des services du candidat afin de lui décerner ou de lui refuser la distinction, et, dans le premier cas, arrêter la classe correspondant au diplôme qu'elle comporte.

Art. 8. — Ceux qui, par Décret ou Résolutions antérieurs, ont été décorés du Buste du Libérateur, pourront exiger en échange du diplôme qu'ils possèdent, un nouveau diplôme leur conférant le grade de la classe corres-

1º Solicitud del agraciado, por si ó por otra persona en su nombre.

2º Nuevo examen de los méritos y servicios del agraciado, para fijar la clase en que se le debe expedir el nuevo diploma ; y

3º La resolución correspondiente por el Ministerio respectivo y la aprobación del Consejo Federal.

Art. 9º. Estas formalidades se refieren á los venezolanos. En cuanto á los diplomas concecidos á extranjeros, el Presidente de la República podrá ordenar de oficio el cambio del diploma con sólo la aprobación del Consejo Federal.

Art. 10º. Toca al Presidente de la República, con el voto afirmativo del Consejo Federal, declarar perdido el derecho á la Condecoración del Libertador, por haber caído sobre el respectivo agraciado condenación, originada de un acto deshonroso ó infamante ; y esa declaratoria se publicará en la *Gaceta Oficial*.

Art. 11º. Al expedirse el diploma á que se refiere el artículo 9º de la Ley de la materia, corresponde al Ministro encargado de refrendar aquel título, la estricta observancia del artículo 10 de la Ley de 3 de mayo precitada.

Art. 12º. Ningún agraciado con el Busto del Libertador podrá usarlo en una clase más elevada que la que expresa su respectivo diploma. El que contraviniere á esta disposición será multado con (200 Bs.) doscientos bolivares, la primera vez, y si reincidiere se duplicará la multa y se declarará que ha perecido la concesión que se le hizo.

Art. 13º. En el Ministerio de Relaciones Interiores se llevará un registro de todas las concesiones que se hagan

pondante, conformément à la loi, en observant les formalités suivantes :

1° Pétition du décoré par lui-même ou par une autre personne en son nom.

2° Nouvel examen des mérites et des services du décoré pour arrêter la classe dans laquelle doit s'expédier le nouveau diplôme ; et

3° La Résolution correspondante par le Ministère compétent et l'approbation du Conseil Fédéral.

Art. 9. — Ces formalités se rapportent aux Vénézuéliens; quant aux diplômes conférés aux étrangers, le Président de la République pourra ordonner d'office l'échange du diplôme, sur la seule approbation du Conseil Fédéral.

Art. 10. — Il appartient au Président de la République, sur le vote affirmatif du Conseil fédéral, de déclarer déchu du droit à la décoration du Buste du Libérateur, pour condamnation, encourue par un membre de l'ordre, basée sur un acte déshonorant et infamant ; et cette déclaration de déchéance sera publiée dans la *Gazette Officielle*.

Art. 11. — En expédiant le diplôme auquel se rapporte l'article 9 de la Loi sur la matière, il incombe au Ministre chargé de contresigner ce titre, de se conformer à la stricte observation de l'article 10 de la Loi du 3 mai précitée.

Art. 12. — Aucun titulaire de la décoration du Buste du Libérateur ne pourra s'en servir dans une classe plus élevée que celle indiquée dans son diplôme personnel. Celui qui contreviendra à cette disposition sera frappé d'une amende de (B. 200), deux cents bolivars, la première fois ; et, s'il récidive, l'amende sera doublée et il sera déchu de la collation qui lui avait été faite.

de Condecoración del Busto del Libertador, registro que teniendo por bases las resoluciones que se publiquen en la *Gaceta Oficial*, sirva para dar cuenta á la Legislatura Nacional del número total de los agraciados, y para informar al Ejecutivo del agotamiento de las clases limitadas.

Art. 14º. Cuando el Ministro de Relaciones Exteriores, en cumplimiento del artículo 8º de la Ley, envíe diplomas otorgados á extranjeros, les remitirá con aquéllos un ejemplar de cada una de las disposiciones que se relacionan con la materia y con la concesión.

Art. 15º. El Ministro de Relaciones Interiores queda encargado de la ejecución del presente Decreto.

Dado y firmado, sellado con el Gran Sello Nacional y Refrendado por El Ministro de Relaciones Interiores en el Palacio Federal en Caracas, à 29 de diciembre de 1881. — 18º y 23º.

GUZMAN BLANCO.

Refrendado.

El Ministro de Relaciones Interiores,
VICENTE AMENGUAL.

Art. 13. — Au Ministère de l'Intérieur sera tenu un registre de toutes les collations qui se feront du Buste du Libérateur, registre qui, ayant pour bases les résolutions qui se publient dans la *Gazette Officielle*, servira à rendre compte à l'Assemblée Nationale du nombre total des décorés, et à informer le pouvoir Exécutif de la plénitude des classes limitées.

Art. 14. — Quand le Ministre de l'Intérieur, en exécution de l'article 8 de la Loi, enverra des diplômes à des étrangers, il leur remettra en même temps un exemplaire de chacune des dispositions qui se rapportent à la matière et à la collation.

Art. 15. — Le Ministre de l'Intérieur demeure chargé de l'exécution du présent Décret.

Donné et signé, scellé du Grand Sceau National et contresigné par le Ministre de l'Intérieur, dans le Palais Fédéral, à Caracas, le 29 décembre 1881, 18e et 23e.

GUZMAN BLANCO.

Contresigné :

Le Ministre de l'Intérieur,

VICENTE AMENGUAL.

OBSERVATIONS

*Les décrets relatifs à l'Ordre ayant été promulgués
en 1881, il est utile de faire connaître au lecteur
certaines observations admises dans la pratique :*

1º Quoique les décrets n'indiquent aucune dénomination propre à chaque classe, l'usage et les décisions prises par quelques chancelleries ont établi que les cinq classes du *Buste du Libérateur* correspondent aux grades des ordres honorifiques d'autres pays, c'est-à-dire :

Cinquième classe............	*Chevalier.*
Quatrième classe............	*Officier.*
Troisième classe............	*Commandeur.*
Deuxième classe............	*Grand-Officier.*
Première classe.............	*Grand'Croix.*

2º D'après la loi votée par le Congrès, en 1881, sur laquelle est basé le Décret présidentiel du 29 décembre 1881, l'insigne de l'Ordre (médaille en or, de forme elliptique) est commun aux cinq classes. Cependant les décorés de la 1ʳᵉ classe (Grand'Croix) et ceux de la 2ᵉ classe (Grand Officier) portent de plus, du côté gauche, une Plaque ou Etoile en argent brillanté. (Voir art. 4 du Décret.) — Ceux de la 3ᵉ classe (Commandeur) portent l'Insigne en or de forme elliptique, en sautoir, au cou; par distinction spéciale, eu égard aux services rendus, ils sont parfois autorisés à porter, sur le côté gauche de la poitrine, une Plaque ou étoile en argent mat, à rayons de flamme, aux Armes du Vénézuéla,

EL PRESIDENTE
de los

Estados Unidos de Venezuela

Confiere la condecoración en la ⸱ ⸱ ⸱ clase
del Busto del Libertador al ⸱ ⸱ ⸱

Esta órden instituida en memoria del héroe fundador de cinco Repúblicas
de las Américas del Sur, es el honor más preciado que la Patria acuerda
á sus servidores distinguidos, así como á aquellos que siendo ó nó del país
se hacen dignos por su mérito sobresaliente ó por los servicios que prestan
á la humanidad ó á la civilización de los pueblos, de esta ilustre distinción.

Dado y firmado por el Presidente, y refrendado y sellado por el
Ministro de Relaciones Exteriores en el Palacio Federal
de Caracas, á 12 de agosto de 1155.

Refrendado

El Ministro de Relaciones Exteriores

Jacinto Lara

Diplôme
commun aux 5e, 4e, 3e, 2e et 1er classes
(fac-simile)

entourée de l'ellipse avec le nom du fondateur : *Simon Bolivar*, en or, sur fond d'émail bleu de ciel.

3° Les dimensions de l'insigne pour chacune des classes, indiquées par la loi et le décret, ont été modifiées dans la pratique, afin d'établir des bijoux ou insignes dont la fabrication réponde au goût artistique et aux nécessités de la frappe.

4° La nouvelle Constitution, votée en 1893, ayant supprimé le Conseil fédéral, les nominations dans l'Ordre sont faites actuellement par M. le Président de la République, sur la proposition du Ministre. Celles qui concernent les nationaux étrangers ne sont régulièrement proposées que par le seul ministre compétent, c'est-à-dire le Ministre des Relations extérieures (Affaires étrangères), lequel est à même de connaître de toutes enquêtes nécessaires avec le concours des agents diplomatiques ou consulaires, accrédités à l'étranger, qui sont directement placés sous ses ordres. Aussi, est-ce en procédant de cette façon que l'on a évité des abus ou l'octroi de distinctions, dans une classe élevée, à des personnes d'une condition ordinaire ou d'un mérite relatif.

FORMALITÉS DE CHANCELLERIE

La législation de beaucoup de pays dispose que nul individu ne doit accepter des fonctions publiques ou une distinction honorifique émanant d'une nation étrangère, sans l'autorisation préalable du gouvernement territorial dont il relève en tant que citoyen.

En France, toute demande d'autorisation d'accepter et de porter les insignes d'un ordre étranger reconnu, tel que celui du *Buste du Libérateur*, doit être adressée au Grand Chancelier de la Légion d'honneur, par la voie hiérarchique.

Lorsqu'il n'exercera pas de fonction publique, le demandeur adressera sa sollicitation au Grand Chancelier par l'entremise du Préfet de sa résidence. A Paris, cette entremise est celle du Préfet de la Seine.

Les fonctionnaires la transmettront par l'intermédiaire du Ministre de leur département.

Seuls, les Ministres, les Sénateurs, les Députés, les Conseillers d'Etat, les dignitaires de la Légion d'honneur, sont autorisés à se pourvoir directement auprès de M. le Grand Chancelier.

A l'appui de toute demande d'autorisation, demande transcrite sur feuille timbrée (60 c.), il est indispensable de joindre les pièces suivantes :

1º Un extrait de l'acte de naissance dûment légalisé ;

2º Un extrait du casier judiciaire, dûment légalisé.

(Ces deux pièces sont fournies par le Greffier en chef du Tribunal civil de l'arrondissement du lieu de naissance ; elles donnent lieu à un débours de 4 fr.)

3º Le brevet original de l'ordre, accompagné d'une traduction officielle faite par un Traducteur-Juré, assermenté ;

(Cette traduction est légalisée, en province, par le Président du Tribunal civil ; à Paris, par le Président de la Cour d'appel).

4º Un récépissé de la somme fixée pour droit de chancellerie.

Ce versement est effectué, en province, chez le Receveur des Finances ou chez le Trésorier-payeur-Général ; à Paris, à la Recette centrale de la Seine, 16, place Vendôme.

Le décret du 22 mars 1875 a fixé les droits de chancellerie, savoir :

100 fr. pour une décoration portée à la boutonnière (ruban ou rosette).

150 fr. pour une décoration portée en sautoir.

200 fr. pour celle portée avec plaque.

300 fr. pour la décoration portée en écharpe ou Grand Cordon.

Les militaires en activité de service, jusqu'au grade de capitaine de l'armée de terre ou de lieutenant de vaisseau, sont dispensés du paiement de tous droits.

Avant de procéder à l'examen du dossier, il est ouvert une enquête sur les antécédents, la moralité, l'honorabilité et la situation sociale du demandeur. Cette enquête est faite par la voie administrative. Si elle est favorable au candidat, la demande est soumise au Conseil de l'Ordre qui, par un vote secret, émet un avis conforme ou contraire aux désirs du pétitionnaire. Dans le premier cas, l'autorisation est accordée par décret présidentiel inséré au *Journal Officiel*. Un diplôme spécial, revêtu des signatures du Chef de l'Etat et du Grand Chancelier, est envoyé au demandeur, avec les pièces principales précédemment transmises par ce dernier.

S'il y a un refus, toutes les pièces, y compris le récépissé du versement, lui sont retournées par la voie administrative.

D'après cette jurisprudence, il résulte que toute personne, non autorisée par la Grande Chancellerie, qui revêt sur son costume civil ou autre, le ruban ou la rosette d'un Ordre reconnu ou même d'un ordre imaginaire dont le ruban peut être confondu avec ceux des Ordres officiels, s'expose à être déférée au tribunal correctionnel, pour port illégal, avec application de l'article 259 du code pénal. « Toute personne qui aura publiquement « porté un costume, un uniforme ou une *décoration* qui ne lui « appartiendrait pas, sera puni d'un emprisonnement de six « mois à deux ans. Sera punie d'une amende de *cinq cents* « *francs à dix mille francs quiconque, sans droit et en vue de* « *s'attribuer une distinction honorifique*, aura publiquement « pris un titre, changé, altéré ou modifié le nom que lui « assignent les actes de l'état-civil ».

RÉGLEMENTATION
du Port des Décorations

Art. 1er. — Les décorations et les Médailles, françaises et étrangères, se portent sur le côté gauche de la poitrine, le ruban ou la rosette posés :

1° Sur l'uniforme militaire (tunique, dolman, veste, capote habit ou redingote), à la hauteur de la deuxième rangée de boutons ;

2° Sur le costume officiel civil (frac, robe, soutane, etc.), à la hauteur du sein gauche ;

3° Sur l'habit ou la redingote de ville, à la première boutonnière.

Art. 2. — La croix de la légion d'honneur, la médaille militaire et tous les insignes à l'effigie de la République doivent présenter la face sur laquelle se trouve l'effigie.

Art. 3. — Les décorations françaises sont placées les premières et dans l'ordre suivant, de droite à gauche, sur le côté gauche de la poitrine,

> Légion d'honneur.
> Médaille militaire.
> Médaille commémorative.
> Décorations universitaires.
> Décorations du Mérite agricole.
> Médaille d'honneur.

Art. 4. — Les décorations étrangères viennent à la suite et à la gauche des décorations et médailles françaises.

Art. 5. — Sur l'uniforme, en costume officiel, militaire ou civil dans la petite tenue en armes, toutes les décorations et médailles, françaises et étrangères, doivent être portées avec leurs insignes réglementaires ; le port des rubans ou rosettes seuls à la boutonnière, est formellement interdit.

Art. 6. — Les personnes en tenue de ville sont seules autorisées à porter à la boutonnière des rubans ou des rosettes sans insignes, excepté s'il s'agit des décorations étrangères qui contiennent du rouge en quantité plus ou moins notable, et dont le port a été réglementé par les décisions présidentielles des 11 avril 1882, 8 juin 1885 et 10 juin 1887.

MEMBRES

DU

CONSEIL DE L'ORDRE DE LA LÉGION D'HONNEUR

Le Général Davout, duc d'Auerstaedt, grand-chancelier ;

M. Jacquin, Conseiller d'État, Secrétaire Général ;

L'Amiral Lefèvre, grand-croix de la Légion d'honneur du 16 juin 1894 ;

Le Général Détrie, grand-officier de la Légion d'honneur du 8 juillet 1889 ;

Le Général Lebelin de Dionne, grand-officier de la Légion d'honneur du 28 décembre 1889 ;

Le Général Laveuve, grand-officier de la Légion d'honneur du 9 juillet 1892 ;

M. Decrais, ancien ambassadeur de France, grand-officier de la Légion d'honneur du 6 janvier 1895 ;

M. Bonnat, membre de l'Institut, commandeur de la Légion d'honneur du 13 juillet 1882 ;

M. Dislère, conseiller d'État, commandeur de la Légion d'honneur du 16 juillet 1887 ;

M. Doniol, inspecteur général des ponts et chaussées, commandeur de la Légion d'honneur du 1er août 1894 ;

M. Sully Prudhomme, membre de l'Académie française, officier de la Légion d'honneur du 13 juillet 1888 ;

M. Forichon, conseiller à la cour de cassation, officier de la Légion d'honneur du 4 janvier 1892 ;

M. le Général DAVOUT, Duc d'Auerstaedt

GRAND CHANCELIER DE LA LÉGION D'HONNEUR

LE Général Davout, duc d'Auerstaedt, Grand Chancelier de l'ordre national de la Légion d'Honneur, est le petit-neveu du prince d'Eckmühl, Maréchal du premier Empire, duc d'Auerstaedt.

Né à Escolives (Yonne), le 9 août 1829, le général Davout (Léopold-Claude-Etienne-Jules-Charles) entrait à l'âge de dix ans au Prytanée militaire de la Flèche. Sorti de l'Ecole spéciale de Saint-Cyr en 1849, il a servi longtemps en Afrique et a fait la campagne d'Italie où sa brillante conduite à Robechetto lui valut le grade de chef de bataillon. Par un décret du 17 septembre 1864, il a été autorisé à relever le titre du duc d'Auerstaedt, nom historique qui rappelle justement les gloires militaires de la France moderne.

Colonel, pendant la guerre 1870-71, il commandait un régiment qui devint prisonnier après la trahison de Metz ; ce régiment combattit à Saint-Privat ; à son retour, le colonel prit part au rétablissement de l'ordre dans Paris.

Général de brigade en 1871, de division en 1877, il fut Chef d'état-major général au ministère de la guerre (1879), puis commandant du 10e corps d'armée d'où il passa au 19e corps, en Algérie. Il fut ensuite Gouverneur militaire de Lyon.

Membre du Conseil supérieur de la Guerre, il était inspecteur d'armée, lorsqu'il dirigeait les manœuvres de l'Est (1891) ; sur le terrain, en présence des officiers étrangers

M. le GÉNÉRAL DAVOUT, DUC D'AUERSTAEDT

Grand Chancelier de la Légion d'Honneur

le Président de la République attacha sur sa poitrine la médaille militaire. Il est passé dans le cadre de réserve, le 9 août 1894, ayant atteint la limite d'âge prescrite par les réglements. Chevalier le 27 décembre 1861, il est Grand Croix de la Légion d'Honneur depuis le 12 Juillet 1887.

Comme chef de Corps ou Gouverneur, il a pris l'initiative de nombreuses réformes, notamment, en jetant les premières bases de la défense de la région alpine.

De taille moyenne, d'une physionomie très douce, d'une bienveillance exquise dont le charme se reflète dans sa bonne grâce, M. le général Davout s'est rendu populaire dans les divers corps qu'il a commandés.

A. Lefebvre.

M. FÉLIX FAURE

PRÉSIDENT DE LA RÉPUBLIQUE FRANÇAISE

Le Chef de l'Etat, élu par le Congrès, le 17 Janvier 1895, est né à Paris, le 31 Janvier 1841.

Chacun sait que M. Félix Faure, après avoir séjourné un certain nombre d'années dans la République argentine, revint en France, se fixa dans la ville du Hâvre, où il organisa une importante maison pour le commerce des cuirs et peaux. Puis il se fit armateur, sans abandonner son industrie. Pendant la guerre de 1870, il fut chef de bataillon dans la Garde mobile. Lors de la commune, il apporta du Hâvre des secours à la ville de Paris en flammes. Sa nomination en qualité de chevalier de la Légion d'Honneur remonte à cette époque.

M. Félix Faure a fait partie longtemps de la Chambre de commerce du Hâvre et en a été le président. Il a rempli les fonctions de consul de Grèce et celles de consul intérimaire du Vénézuéla.

Candidat républicain aux élections du 21 août 1881, dans la 3e circonscription du Hâvre, il triompha du député sortant.

A l'avènement du Ministère Gambetta (14 novembre 1881), M. Félix Faure entra aux affaires comme sous-secrétaire d'Etat du Commerce. A la chute de ce cabinet, (26 janvier 1882), il reprit sa place sur les bancs de la Gauche. Appelé aux mêmes fonctions sous le ministère

M. FÉLIX FAURE
Président de la République Française
Grand Maître
de l'Ordre National de la Légion d'Honneur.

de M. Jules Ferry, il se retira comme celui-ci, le 31 mars 1884. Aux élections du scrutin de liste du 5 octobre 1885, M. Félix Faure, l'un des chefs du groupe de l'Union républicaine, fut élu par 80.559 suffrages sur 149.546 votants.

M. Faure occupa les mêmes fonctions dans le cabinet Brisson (1885) et dans le cabinet Tirard (1886). Elu de nouveau député en 1889, il l'a été encore en 1893, cette fois sans concurrent. Ses collègues le nommèrent vice-président de la chambre en 1894. Le 30 mai de la même année, Carnot le choisissait comme ministre de la Marine.

M. Félix Faure a publié un ouvrage économique d'intérêt local : *Le Hâvre en* 1878.

Nous ne croyons pas devoir, comme on le fait pour les simples députés, rappeler ses votes sur telles ou telles questions. Les meilleurs citoyens peuvent différer de vues sur des points importants. M. Félix Faure représente en ce moment la France, non seulement devant le pays, mais encore devant les puissances étrangères. C'est cette seconde partie de la mission du chef de l'Etat qui, peut-être, a le plus de portée. Il nous paraît donc essentiel de nous grouper en aussi grand nombre que possible autour du représentant de la France, sans le discuter, oubliant les nuances politiques qui nous divisent et soucieux avant tout des destinées de la Patrie.

B. L.

(15 mai 1895)

S.-Exc. le Général CRESPO

Né le 19 Août 1841, à San Francisco de Cura, le président Crespo s'engagea comme simple soldat dans l'armée, après avoir terminé ses études. Sa bravoure, ses mérites et ses capacités lui permirent de parcourir tous les degrés de la hiérarchie militaire, prenant une part très active aux événements, à partir de 1860. Occupant les commandements militaires les plus importants, il acquit, de bonne heure, une légitime et éclatante popularité.

Il fut désigné, le 16 Mai 1873, comme suppléant éventuel du Président de la République. Ministre de la guerre et de la Marine en 1876 et 1877, il prit l'initiative de nombreuses réformes.

Le 20 février 1884, l'unanimité des voix du Conseil fédéral nommé par le Congrès, l'éleva à la magistrature suprême. Il succédait à Guzman Blanco, chef du parti libéral.

Le 20 février 1886, après la période présidentielle de deux années, Crespo quitta le pouvoir comme il y avait été porté, c'est-à-dire avec légalité.

Issu du peuple, soldat et patriote avant tout, il prêcha d'exemple. Il rentra dans la vie privée. Les Chambres, au nom du peuple, lui décernèrent une épée d'honneur et le titre de *Héros du devoir*.

Le Général JOAQUIN CRESPO
Président Constitutionnel des États-Unis du Vénézuéla.
Grand Maître
de l'Ordre National Américain
du Buste du Libérateur

(Signature du Général CRESPO. — Fac-simile)

En 1887-1888, il vint se fixer à New-York, avec sa famille. Rentré à Caracas en octobre 1889, il ne tarda pas à être proclamé candidat à l'élection présidentielle du 20 février 1890; il refusa modestement ce nouvel honneur et resta simple Sénateur.

En 1892, répondant à l'appel de la majorité du Congrès qui avait été sollicitée pour le renouvellement du mandat présidentiel, arrivé au terme, il lança le manifeste de Totumo. Ce Congrès fut dissous.

Une nouvelle constituante fut élue et réunie le 4 mai 1893 pour organiser le régime légal du pays.

La période présidentielle était portée à quatre années et l'élection du Président, faite au second degré sous l'empire de l'ancienne Constitution, s'effectuerait désormais par le Plébiscite.

Au mois d'avril 1894, le général Joaquin Crespo a été élu Président constitutionnel, pour quatre années, par 349.573 voix contre 14.000 attribuées à treize concurrents.

Sous sa première présidence (1884), Crespo avait largement contribué au rétablissement des relations d'amitié entre le Vénézuéla et la France, interrompues depuis le 31 mars 1881. M. Jules Thiessé, député de la Seine-Inférieure, fut accrédité par la France. La convention diplomatique du 26 novembre 1885, en vertu de laquelle ces relations furent reprises, réglait encore les rapports entre les deux nations, lorsque survint, en mars 1895, la décision du Gouvernement invitant M. le Ministre de France, *personnellement*, à quitter le territoire vénézuélien.

Il est à souhaiter que la mission d'un nouveau Ministre de France au Vénézuéla, permette de rétablir bientôt les relations d'amitié politique entre les gouvernements des deux républiques-sœurs.

Jules Lemaître, O. ☀.

LE PRÉSIDENT CRESPO

Esquisse graphologique

Grande et magistrale signature avant une belle envergure (voir à la gravure le fac-simile de cette signature) ayant besoin d'air, d'espace, de mouvement, commençant comme un coup de sabre, comme un éclair, continuant posément, avec réflexion, avec douceur, avec bonté, avec énergie, comme un fleuve puissant qui commence en torrent et continue son cours en bienfaiteur et en fertilisateur des contrées qu'il parcourt. Les majuscules ont une allure modeste et égalitaire, dépourvues de prétentions mais non de vigueur et de franchise et le tout se termine par un paraphe simple, en haut, de droite à gauche, indiquant la défensivité et la bonne garde de celui qui a dû souvent s'écrier · « On ne passe pas. »

A. Suire.
Officier d'Académie.

Le Docteur PEDRO EZEQUIEL ROJAS
Ministre des Affaires Étrangères
des Etats-Unis de Vénézuéla.

(Signature du Docteur P. E. ROJAS. — Fac-simile).

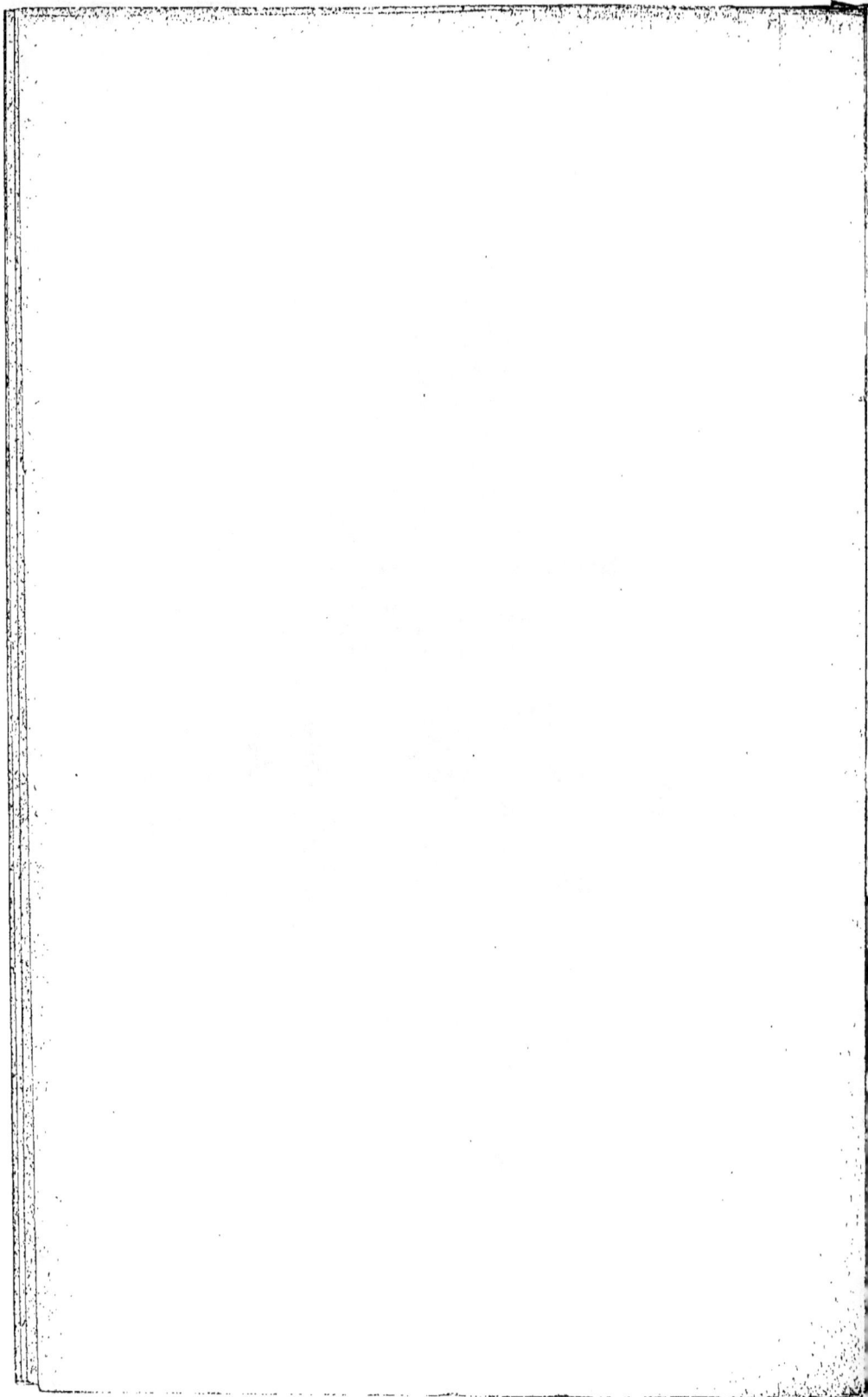

S. E. le Docteur Pedro Ezequiel ROJAS,

Ministre des Affaires Etrangères du Vénézuéla

SÉNATEUR

NÉ dans la région orientale de la République, à Cumana, dans l'Etat de Bermudez qui a donné aux lettres, aux sciences et au gouvernement de la Patrie des hommes devenus remarquables, M. Pedro Ezequiel Rojas débuta en 1861 dans le journalisme.

Son frère, l'éminent écrivain Doctor Pedro José Rojas rédigeait l'*Indépendant* qui représentait des idées politiques qui contribuèrent, grâce aux circonstances de cette époque, à porter au pouvoir le général José Antonio Paez ; celui-ci investit Pedro José Rojas des fonctions de secrétaire-général de la présidence et ce fut son frère Ezequiel qui assuma les responsabilités dans la direction de l'*Indépendant*. En 1863, il rentra dans la vie privée, abandonnant la politique. La nouvelle administration de 1868 lui confia la tâche d'organiser politiquement la section du territoire vénézuélien appelé Etat Bolivar.

Elu député au Congrès national, pendant la législature de 1869, il contribue par ses lumières et son patriotisme à l'élaboration de plusieurs des lois sanctionnées par elle.

Les évènements de 1870 l'obligent à suivre les Vénézuéliens que la disgrâce a frappés ; vers 1878, il revient sur le sol natal, rapportant comme un gage honorable de sa proscription, de beaux titres acquis dans le domaine des lettres, durant son séjour dans l'hémisphère américain ; peu après la mort imprévue du général Alcantara (décembre 1878), il est élu député à l'Assemblée nationale et nommé Ministre des Affaires Etrangères.

Une mission diplomatique d'une grande importance lui fut donnée par le Gouvernement en 1890 à son retour au Vénézuéla. Les relations diplomatiques et d'amitié étaient interrompues, depuis 1881, entre le Chili et le Vénézuéla ; nommé Ministre plénipotentiaire, il ne tarda pas à provoquer et à obtenir le rétablissement de ces relations.

Retiré à New-York, lorsque les évènements de 1892 survinrent à Caracas, il n'attendit pas que la victoire de ses amis politiques l'appelât dans son pays. Le chef du pouvoir lui confia le portefeuille de Ministre des Affaires étrangères, le 8 octobre 1892 ; il l'occupait pour la seconde fois.

L'Etat de Miranda l'a élu député, en 1893, à l'Assemblée Nationale constituante.

Elu sénateur, en 1894, il a été Président de cette assemblée.

Littérateur et journaliste, M. P. Rojas est un lettré plein d'érudition ; orateur, il parle avec beaucoup d'élégance et d'autorité.

Les services qu'il a rendus à son pays lui ont mérité la plus grande confiance de la part du pouvoir exécutif et les sympathies les plus légitimes de tous ses concitoyens qu'il a su conquérir à un haut degré.

Le Dr Pedro Ezequiel Rojas a repris le 8 décembre le portefeuille de Ministre des Affaires Etrangères qu'il avait dû laisser en d'autres mains, en mars 1892, à cause de sa santé, très altérée par un surcroît de travail.

Diplomate conciliant, attentif à aplanir les difficultés graves qui sont de nature à accroître les animosités, M. le Dr Pedro Ezequiel Rojas a su faire prévaloir le prestige du drapeau vénézuélien en beaucoup de circonstances, notamment dans le différend anglo-vénézuélien au sujet du territoire contesté de la Guyane. Aussi, la question guyannaise ne tardera-t-elle pas à être prochainement résolue au profit du Vénézuéla, parce que, selon l'expression de lord Salisbury (Chambre des Communes 1885) :

« La proposition de soumettre à l'arbitrage les démêlés « internationaux semblait, en soi-même, un grand triom- « phe, car l'arbitrage revendique la suprématie de la « raison, de la justice, de l'humanité et de la religion ».

J. Trubesset.

M. LE Dr PEDRO EZEQUIEL ROJAS

Esquisse de graphologie comparée

L'écriture haute et large, égale, dilatée nous indique l'élévation du caractère, la franchise native, l'humeur toujours la même, la fermeté, une nature expansive.

L'écriture, un peu épaisse, nous dit le goût du bien-être, le cœur jeune, la force, l'exubérance de vie et de santé.

Dans les lettres liées, nous voyons l'esprit déductif, positif, pratique, ayant de la logique, du raisonnement, la liaison des idées.

Dans la ligne sinueuse, nous voyons la souplesse d'esprit, l'habileté des négociations, dans la vie publique ou privée, le sens diplomatique.

La forme élégante de la lettre E nous révèle le sentiment artistique, la recherche de la forme, l'amour du beau.

La hauteur des majuscules correspond au sentiment de la dignité personnelle, à l'indépendance, à l'amour de la liberté.

Les courbes dominent dans l'écriture, nous sommes donc en présence d'une nature sympathique, joignant à la fermeté, la bonté, la bienveillance et l'aménité du caractère.

A. Suire.

Le Docteur JUAN FRANCISCO CASTILLO
Ministre de l'Intérieur
des Etats-Unis de Vénézuela.

S. E. le Dr Juan Francisco CASTILLO

Ministre de l'Intérieur du Vénézuéla

E Dr Juan Francisco Castillo, actuellement ministre de l'Intérieur de la République des Etats-Unis du Vénézuéla, est né dans l'Etat de Bolivar et il a occupé antérieurement divers postes importants dans l'administration civile ; il est député du principal district de cet Etat, et il a été Président de la Chambre des Députés en diverses sessions.

Sous le précédent gouvernement du général Crespo, il avait rempli les fonctions de Ministre de Hacienda et s'était révélé un habile et expert financier.

Lorsqu'il était Gouverneur du District Fédéral, il réorganisa les services dont il était chargé, lesquels se trouvaient dans un grand désarroi, et il y apporta un si bon ordre que jamais une personne se présentant pour recevoir un paiement ordonnancé par le gouvernement du district, ne se vit ajournée.

Pendant les événements de 1892, il demeura l'un des meilleurs et des plus fidèles conseillers du général Crespo ; il n'hésita pas, dans les moments les plus critiques, à suivre le sort de son ami et de son chef, sacrifiant, sans arrière-pensée, ses plus précieux intérêts privés à ses convictions.

M. Castillo est peut-être l'homme politique le plus jeune et du plus grand avenir que possède le Vénézuéla.

Il se distingue hautement par une intelligence déliée, un caractère résolu, un cœur généreux et une loyauté à toute épreuve.

Comme orateur, il expose avec une franchise républicaine sa façon de penser et de sentir, sur toutes les questions publiques, et jamais il ne varie ni ne cède à des préoccupations personnelles.

Un journal de la Trinité, rédigé en langue anglaise, « *The public opinion* », disait de lui que sa présence au Ministère de l'Intérieur était une garantie d'ordre et de moralité. Il rappelait que le passage de M. Castillo au gouvernement du District Fédéral avait laissé les meilleurs souvenirs et avait donné l'occasion d'apprécier ses hautes qualités et ses remarquables talents.

Le même journal tirait les plus favorables présages de la présence au siège du Cabinet d'un homme qui, à l'époque où les passions étaient le plus exaltées, avait su, par sa conduite, se faire si dignement apprécier.

Récemment (au mois d'avril de cette année) M. Castillo a fixé l'attention publique par son Rapport, adressé aux Chambres législatives, relativement à l'intégrité du territoire national. Là, il a trouvé l'occasion de montrer une fois de plus que le patriotisme est une de ses vertus natives, la note prédominante dans l'harmonieux concert de ses Actes comme homme, comme fonctionnaire public et comme citoyen.

On ne peut qu'applaudir à la publication de ce remarquable Rapport dont la lecture provoque le plus vif intérêt et séduit par son accent de vérité quiconque n'a pas perdu le sentiment de la justice. Aussi, est-on convaincu que ce document élevé amènera promptement la fin du conflit du Vénézuéla avec l'Angleterre, au sujet du territoire contesté, dans un sens conforme aux saines données du Droit.

F. Vallage.

Le Général F. TOSTA GARCIA
Ministre Plénipotentiaire du Vénézuéla
au Royaume des Pays-Bas

M. le Général F. TOSTA GARCIA

La nomination récente de S. E. le général Tosta Garcia aux fonctions d'envoyé extraordinaire et ministre pléni-potentiaire de la République des Etats-Unis du Vénézuéla près le Gouvernement des Pays-Bas, donne un nouveau relief à cet homme d'Etat. Nous croirions donc manquer à un impérieux devoir — bien agréable, d'ailleurs, à remplir — si nous ne lui consacrions pas une courte notice biographique.

Francisco Tosta Garcia est né à Caracas le 1er décembre 1852. Il y fit de brillantes études. A l'âge de 18 ans, il prit part à la révolution libérale de 1870, se décida pour la carrière militaire, conquit vaillamment tous ses grades, s'occupa simultanément de journalisme, d'administration et de politique et occupa successivement les charges publiques les plus élevées et les plus diverses : général de division, préfet de police, deux fois gouverneur de Caracas et du District fédéral, commandant en chef de la Milice, chef d'Etat-major de l'armée de Guarico, deux fois président de l'Etat de Miranda, député, conseiller d'Etat — fonctions équivalant à celles de vice-président de la République, — plusieurs fois président de la Chambre des députés.

Au nombre de ses œuvres littéraires, figurent des volumes qui ont eu le plus grand succès, même en

Espagne. Ce sont les *Coutumes de Caracas*, les *Légendes de la Conquête*, *Dona Irène* et *Don Segondino à Paris*.

Le général Tosta Garcia appartient au parti des vrais libéraux, dans les rangs duquel il a conquis une place très en vue et qu'il occupe dignement.

Comme magistrat, les populations de l'Etat de Miranda garderont de lui un souvenir reconnaissant pour son habile et sage administration, soucieuse des intérêts de ses gouvernés qui ont eu à se louer hautement des bienfaits dont il les a comblés.

Mais un des plus grands titres de gloire du général, au cours de sa carrière politique, a été le traité conclu entre lui et le Gouvernement hollandais, au sujet des différends qui existaient entre le Vénézuéla et les Pays-Bas. En effet, si ce traité fait le plus grand honneur à la présidence de l'éminent général Crespo, il fait honneur également et grandement à l'habile diplomate qui l'a mené à bonne fin.

Le rétablissement des relations officielles entre le Gouvernement du Vénézuéla et le Gouvernement néerlandais est un événement international qui a la plus haute portée, non seulement au point de vue des intérêts de ces deux nations, mais encore au point de vue de la paix entre tous les pays du globe.

Le Vénézuéla a tenu à confier à l'homme supérieur qui avait préparé le rapprochement des deux nations, la haute et délicate mission de le représenter près de la Hollande. C'est le 15 septembre 1896 que le général Tosta Garcia a été reçu par la Reine des Pays-Bas qui a répondu au discours du Ministre plénipotentiaire en lui témoignant sa satisfaction de voir les rapports officiels repris entre leurs gouvernements respectifs et le plaisir qu'elle éprouvait personnellement à l'accueillir comme Envoyé extraordinaire du Vénézuéla.

Le rapprochement qui vient de s'effectuer entre la Hollande et le Gouvernement de Caracas nous cause, à nous Français, une grande joie, car nous y voyons l'heureux augure du rétablissement, entre la République française et sa sœur latine des bords de l'Orénoque, des relations diplomatiques officielles. Quant aux relations de cœur, elles n'ont été amoindries à aucune époque et nous en avons donné la preuve toutes les fois que l'occasion s'est présentée d'élever la voix contre l'abus que d'autres puissances voulaient faire de leur force au préjudice de la jeune nation sud-américaine, notamment dans l'odieuse tentative de spoliation perpétrée sur les confins ds la Guyane vénézuélienne.

C. Gros.

LE DOCTEUR JUAN PIETRI

Le Docteur Juan Pietri, ancien ministre des finances du Vénézuéla, actuellement Envoyé extraordinaire et ministre plénipotentiaire de cette République près les Gouvernements d'Espagne et d'Allemagne, est né à Rio Caribe le 28 septembre 1849. Dès l'âge de 12 ans, il venait en France pour y faire ses études. Il les commença à Montpellier, les poursuivit à Aix et les couronna enfin à Paris en obtenant le diplôme de docteur en médecine que s'empressa de confirmer l'Université de Caracas.

Les vicissitudes de la politique occasionnèrent à Juan Pietri un exil qui dura huit ans et le désigna en même temps comme chef aux membres du parti avancé. Mais nous n'avons pas à détailler son rôle particulier, à cet égard. Nous nous plaçons au-dessus des dissentiments secondaires existant entre les divers groupes politiques pour n'envisager chez les citoyens distingués du Vénézuéla dont nous publions les notices biographiques, que les sentiments patriotiques, les qualités morales et les talents dans les spécialités qu'ils ont embrassées.

Le Président Crespo confia, en 1893, le portefeuille des finances au docteur Pietri. Dans ce poste, la tâche du nouveau ministre de Hacienda était singulièrement ardue, car il s'agissait de ranimer la confiance, de créer de nouveaux débouchés commerciaux, de réparer les désastres de la

Le Docteur JUAN PIETRI
Ministre Plénipotentiaire du Vénézuéla
en Allemagne et en Espagne.

guerre, en un mot, de relever l'État dans toute l'étendue de l'expression. Le docteur Juan Pietri ne fut point inférieur à son rôle. En moins de trois mois, l'ordre dans les finances était presque entièrement rétabli.

Pendant une absence que fit le président Joaquin Crespo, le docteur Pietri le suppléa dans ses fonctions élevées et difficiles.

Le docteur n'est pas seulement un savant de premier ordre et un homme d'État hors de pair, c'est encore un écrivain très distingué. Comme diplomate, il n'en est point à ses débuts et il a déjà représenté son Gouvernement à Mexico. Sa mission actuelle, d'une importance considérable, est, par certains côtés, d'une extrême délicatesse. Depuis d'assez nombreuses années, les relations diplomatiques étaient rompues, suspendues ou relâchées entre le Vénézuéla et certains États européens. Le malentendu entre les Vénézuéliens et les Français ne pouvait se prolonger indéfiniment et si le conflit n'est pas, au point de vue de la forme, complètement terminé, ce n'est plus qu'une question de jours. Mais, en ce qui concerne la reprise des relations courantes, officielles, avec d'autres puissances, les négociations demanderont beaucoup de tact pour être heureusement conduites à terme. Il dépend, en grande partie, du talent du docteur Juan Piétri que l'issue de ces négociations soit prompte et favorable. Qui sait même si, étant donné que souvent de grands effets dépendent de petites causes, la question vénézuélienne, qui semble n'intéresser qu'un État secondaire de l'Amérique méridionale, n'aura pas, dans sa solution, une puissante influence sur les destinées de la paix universelle ?

Dᵣ F. Serre.
Officier de l'Ordre du Libérateur.

ANNUAIRE

DIGNITAIRES DE L'ORDRE
DU LIBÉRATEUR

(1889-1896)

Première Classe. — Grand'Croix.

1889. S. Ex. M. Sadi-Carnot (feu) Président de la République Française.

— M. le Général Antonio *Guzman Blanco*, ancien Président des Etats-Unis de Vénézuéla.

— S. A. Taïel-Bey, Souverain de la Régence de Tunis.

— S. M. Oscar II, roi de Suède et de Norwège.

— M. le Duc de Morny.

— S. M. D. Carlos I, Roi de Portugal et des Algarves.

1893. S. Ex. M. le Dr Mariano Baptista, Président de la République de Bolivie.

— S. Ex. M. Juan C. Gonzalez, Président de la République du Paraguay.

1894. S. Ex. M. Don Rafaël Iglesias, Président de la République de Costa-Rica.

— S. Ex. M. le Dr Luis Cordero, Président de la République de l'Equateur.

Deuxième Classe — Grand Officier

1889. S. Ex. M. J.-H. *Fergusson*, Ministre-Résident de Hollande.

— M. le Comte *Balny d'Avricourt*, ancien Ministre de France au Pérou.

— S. Ex. M. Emygdio *Navarro*, Ministre de la Justice, Lisbonne.

— S. Ex. le Conseiller José Luciano de *Castro*, Président du Conseil des Ministres, Lisbonne.

— M. Georges *Berger*, Directeur-Général de l'Exposition universelle de Paris 1889.

— M. Sévériano de *Heredia*, ancien Député, ancien Ministre des Travaux Publics, à Paris.

— M. P. Pradier-Fodéré, Conseiller à la Cour d'Appel de Lyon, ancien Doyen de la Faculté de Droit de Lima (Pérou).

— M. Jules *Guichard*, Sénateur, Président de la Cie Universelle du Canal de Suez, à Paris.

— M. Théodore *Roustan*, Ambassadeur de la République française, à New-York.

— M. Jacinto *Gutierrez Coll*, Premier Secrétaire de la Légation et Ministre, ad intérim, de Vénézuéla, à Paris.

— M. Camille *Flammarion*, de l'Institut, Président de la Ligue Franco-Américaine de l'Enseignement.

— M. Jules *Thiessé*, Député, ancien Ministre Plénipotentiaire de France au Vénézuéla.

— M. le vicomte de San Jorje.

1891. M. Léon Bourgeois, Député, Ministre de l'Instruction publique.

1893 M. le Marquis de *Ripert-Monclar*, Ministre Plénipotentiaire de la République Française au Vénézuéla.

— M. H. Ledeganck, Chargé d'affaires de Belgique au Vénézuéla.

— M. Albert Grodet, Gouverneur de la Guyane Française.

— M. l'Amiral Carlos-Auguste de Souza Folque de Possolo, de la Marine Royale Portugaise.

— M. le Général Luis de Sousa Folque, Chef de la Maison Militaire du Roi de Portugal.

— M. Jules Carlier, ancien Député Belge.

1894. S. Ex. Mgr. Julio Tonti, Envoyé Extraordinaire et Délégué Apostolique du Saint-Siège près la République Vénézuélienne.

— M. le Baron Luis A. de Montalbo, Conseiller de la République de Saint-Marin.

— M. l'Amiral Von der Goltz, de la Marine Impériale d'Allemagne.

— S. Eminence le Cardinal de San-Félice, à Rome.

— M. Emile Jean-Baptiste-Jules Bruylant, Membre du Conseil Supérieur du Commerce, du Royaume de Belgique, ancien Président du Tribunal du Commerce, Echevin de la ville de Bruxelles.

— M. Jean Marty, Député, Ministre du Commerce et de l'Industrie de la République Française.

1895. S. Ex. José Pirrone, Ministre Résident de S. M. le Roi d'Italie au Vénézuéla.

— M. le Baron de Bodman, Chargé d'affaires de la Légation d'Allemagne au Vénézuéla.

— S. Ex. M. Don German Maria de Ory, Envoyé Extraordinaire et Ministre Plénipotentiaire d'Espagne au Vénézuéla.

Troisième Classe — Commandeur.

1889. M. le Commandant *Geoffroy*, Marie--Henri, de la Cie Générale Transatlantique.

— M. J.-C. *Roux*, Député, Vice-Président de la Chambre de Commerce de Marseille.

— M. Gustave de *Molinari*, Économiste, Correspondant de l'Institut.

— M. *Bru d'Esquille*, Préfet.

— M. Émile *Vigoureux*, Consul de la République Argentine, Conseiller d'Arrondissement de Nice, ancien Consul de Vénézuéla.

— M. Marc *Millas*, ancien Consul de France, Membre de la Chambre de Commerce.

— M. Clément *Sipière*, Vice-Consul de Portugal, Président de la Société Académique Franco-Hispano-Portugaise de Toulouse.

— M. René-Félix *Le Hérissé*, Député d'Ile-et-Vilaine.

— M. Adolphe *Baer Goldschmidt*, Consul de Vénézuéla, à Francfort (Allemagne).

— M. Alfred *Naquet*, Sénateur.

— M. G. *Ritt*, Directeur de l'Opéra, à Paris.

— M. Jules *Rivals*, Dr en Droit, Président du Tribunal Civil.

— M. le Docteur Émile *Piogey*, rue de Châteaudun à Paris.

— M. Thomas de *Saint-Georges Armstrong*, ancien Député, Membre des Congrès de la Paix de Londres et de Paris, Vice-Président de l'Alliance Scientifique Universelle, Auteur d'ouvrages sur le Droit International.

— M. le Vicomte de *Faria*, Ministre Plénipotentiaire de Portugal, près les Républiques Argentine et Uruguay.

— M. l'Amiral Grasset, de la Marine Française.

— M. *Lodois-Lataste*, Publiciste et Littérateur, Officier de l'Instruction publique.

— Mme Élisa Bloch, Officier d'Académie, Sculpteur-Statuaire, Présidente de la Société Littéraire et Artistique de Paris-Province.

— M. André *Bresson*, Consul de Bolivie, à Paris.

— M. Auguste *Meulemans*, Ancien Consul-Général, Secrétaire de la Légation, Directeur de la *Revue Diplomatique*, Paris.

— M. Edmond *Paulin*, Architecte du Pavillon du Vénézuéla à l'Exposition Universelle de 1889, à Paris.

— M. Godefroy *Gairaud*, Vice-Consul de Portugal, Titulaire des Quatre Médailles d'Honneur (or et argent) du Ministère de l'Intérieur, Président de la Société Néo-Latine.

1893. M. Eugène *Schneider*, Chancelier de la Légation d'Allemagne au Vénézuéla.

— M. Charles-Edouard *Watin*, Premier Secrétaire de la Légation de la République Française au Vénézuéla.

— M. le Comte Arthur de *Marcy*, Archéologie française.

— M. Vincent *Benedetti*, Chancelier de la Légation de France au Vénézuéla.

— M. Octave Noël, ✳, Administrateur de la Cie des Messageries Maritimes, Commandant de l'armée territoriale, à Paris.

— M. Eugène Péreire, C. ✳, Consul-Général de S. M. le Shah de Perse, en France, Président de la Cie Générale Transatlantique de Paris.

— M. R. *Dufour*, Président du Cercle de l'Union Latino-Américaine.

— M. le Vicomte JeanChrysostome *Meticio*, C. ✳, Pair du Royaume de Portugal, Journaliste, ancien Président du Comité Portugais de l'Exposition universelle de Paris, 1889.

— M. le Commandant *Brillouin* (Charles-Jules), Capitaine du paquebot postal français *Le Labrador*.

— M. le Baron de *Stein*, Ministre de la République de Liberia, en Belgique.

— M. Pierre-Paul *Carbonnier*, ancien Officier de Marine, Consul des États-Unis de Vénézuéla, à Bergerac, Officier d'Académie.

— M. le Dr S. *Péan*, Chirurgien en chef des Hôpitaux de Paris.

— M. le Dr Léopold *Solier y Vilchez*, Secrétaire de l'Université Centrale de Madrid et du Conseil Supérieur de l'Instruction publique.

— M. *Gairaud* fils, Clément-Marc-Antonin-Joseph, Publiciste, Vice-Consul des Etats-Unis de Vénézuéla, à Lisbonne, (Chevalier du 18 octobre 1887).

1894. M. le Dr Henri *Bonnier*, O. ✠, Préfet de l'Aveyron.

— M. Alvaro de Carvalho Cordeiro, Publiciste, Vice-Consul de Nicaragua.

— M. *Pierre*, Secrétaire-Général de la Chambre des Députés à Paris.

— M. Achille *Millien*, Homme de Lettres, Lauréat de l'Académie Française, Membre de l'Académie Espagnole et de l'Académie Nationale de l'Histoire du Vénézuéla.

— M. Alfred-Narcisse Lequeux, Publiciste, Consul de Nicaragua à Chalons-sur-Marne.

— M. Victor Arendt, Capitaine d'Etat-Major de l'Armée Russe.

— M. Hanny Zimmermann, Officier de l'Armée impériale d'Allemagne.

— M. *Berger-Levrault* (Fr.-Georges-Oscar), Imprimeur-Editeur, à Paris.

— M. Emile-Arthur *Thouar*, Explorateur.

— M. Alexis *Muzet*, Président de l'Union syndicale à Paris.

— M. Rémy *Augé*, Exportateur, Consul des Etats-Unis de Vénézuéla à la Rochelle.

— M. René *Worms*, Auditeur au Conseil d'Etat, Directeur de la *Revue Internationale de Sociologie*, à Paris.

— M. le Vicomte de *Lestrade*, Ex-Vice-Président du Congrès International de Sociologie, à Paris, Membre de l'Institut de Sociologie.

— M. le baron A.-E Astraudo, consul de Saint-Marin, Nice.

1895. M. le Dr Eduardo *Palou y Flores*, Sénateur, Doyen de la Faculté de Droit, à l'Université Centrale de Madrid.

— M. le Comte de *Azarujinha*, Pair du Royaume de Portugal.

— M. Raoul de *Saint-Arroman*, ✠, Chef de Bureau de la Direction du Secrétariat du Ministère de l'Instruction publique, à Paris.

— M. Emile *Cacheux*, O.I. C. ✳, Ingénieur des Arts et Manufactures, Membre du Conseil Supérieur des Habitations à bon marché, près le Ministère du Commerce et de l'Industrie, Membre du Comité Supérieur de Rédaction du *Génie Civil*, Président de la Société d'Enseignement Professionnel et Technique des Pêches Maritimes de France.

— M. Antonio *Ferreira de Serpa*, Consul-Général d'Hawaï, Honduras et Nicaragua en Portugal, Consul du Vénézuéla.

— M. Carlos *Zuloaga*, Consul-Général de Bolivie au Vénézuéla.

— M. Juan *P. Criado y Dominguez*, Avocat à Madrid, Délégué de la Croix-Rouge Espagnole.

— M. Antoine-Charles-Louis *Deloncle*, Lieutenant de vaisseau de la Marine Française.

— M. le Comte Joseph *de Brettes*, Explorateur, Chargé de missions scientifique et économique en Colombie et au Vénézuéla.

— M. Louis *Bourne*, I. P. ✳ Directeur du Journal *le Travail*.

— M. T. *Szafonski*, Ingénieur des Mines.

— S. G. Mgr. *Robert*, O. ✳, Evêque de Marseille.

— M. Antonio *Padula*, C. ✳. C. ✳. Homme de Lettres, Publiciste, Membre-Correspondant de l'Académie Nationale de l'Histoire du Vénézuéla.

— M. *Laylle*, maire de Milhas (Haute-Garonne).

Quatrième classe.— Officier

1889. M. Henry *Sipière*, Avocat, à Toulouse.
— M. Jules *Postel*, Armateur, Consul du Vénézuéla, à Cherbourg.
— M. Amédée *Maquaire*, Directeur de la Société des *Agences Réunies*, Boulevard de Strasbourg, Paris.
— M. François *Paulet*, Décorateur du Pavillon du Vénézuéla à l'Exposition Universelle de 1889.
— M. Emile *Pinedo*, ✳, ✳ Statuaire, Fabricant de bronzes.
— M. le Dr Fano, Paris.
— M. Emile *Douadieu*, délégué de l'Alliance Scientifique Universelle.
— M. Guillaume Robert, Agent Général de la Compagnie *l'Urbaine*.
— M. Joseph *Botti*, ✳, Armateur, Vice-Président de la Société *la Corse*.
— M. Maximilien *Guetting*, à Paris.
— M. Joseph *Maistre*, Vice-Consul de Belgique, à Nice.
— M. Georges *Bastard*, Homme de Lettres.
— M. le Dr P. Adolphe *Moé*, Chirurgien-Dentiste à Paris.
— M. le Dr A. E. *Mirbeau*, à Bordeaux.
— M. Emile *Pothier*, Consul du Vénézuéla, à Vichy.
— M. Arthur *Maury*, Collectionneur de Timbres-Poste, Paris.
— M. Ludovic G. *Wirth*, Avocat, Consul d'Haïti, au Caire.

1893. M. Charles *Benedetti*, Consul de Colombie à Saint-Nazaire.
— M. J.-B. *Aune*, Vice-Consul de l'Urugay, à Nice.
— M. P. de *Guibert*, Capitaine au 17° Dragon.
— M. Léopold *Barès*, Consul des Etats-Unis de Vénézuéla à Toulouse.
— M. Louis *Degouy*, Lieutenant de vaisseau.

1894. M. Joseph-Arthur *Talma*, Consul des Etats-Unis de Vénézuéla, à Nice.
— M. A. M. F. J. *Tribes*, Avocat, Consul de Colombie, à Nice.
— M. Georges *Feydeau*, Homme de Lettres.

— M. C. Jean *Candegabe*, Directeur du Comptoir Général des Ventes de fonds de Commerce et d'Industrie.

— M. Amédée-Julien *Gavoille*, Employé principal au Secrétariat de la Direction de la Compagnie de P.-L.-M., Paris.

— M. César-Joseph *Leblond*, Employé Principal à la Comptabilité Centrale de la Compagnie P.-L.-M., Paris.

— M. Henri *Turpin*, Vice-Consul de Portugal, Administrateur de la Succursale de la Banque de France, ancien Président du Syndicat Général des Vins et Spiritueux de France.

— M. Franz *Litterscheid*, Compositeur de Musique et Professeur à l'École Royale de Musique et de Chant (Allemagne).

— M. Charles-Alfred *Lehnebach*, Employé principal de la Maison Boggio et Cie, Paris.

— M. le Dr Emile *François-Navel*, Médecin du Bureau de Bienfaisance.

— M. Edmond *Raoul-Duval*, Avocat à la Cour d'Appel.

— M. Paul *Boggio*, Exportateur, Paris.

— M. le Dr *Vergeade*, (Noël-Jean-Baptiste).

— M. le Dr Camille-Henri *Hischmann*.

— M. Antoine Marty, Sous-Préfet à Saint-Quentin.

— M. Paul *Doria*, Publiciste, Paris.

— M. François *Corbière*. ✠, ancien Sous-Préfet, ancien Pasteur protestant.

— M. Antoine-Paul Marty, Négociant.

— M. l'Abbé Adrien *Pascal*, Curé de Cabriès (Bouches-du-Rhône) Homme de Lettres, Chanoine honoraire de St-Thomas d'Aquin.

— M. l'Abbé François *Bergé*, ancien Aumônier Militaire, Chanoine honoraire du Saint-Sépulcre.

— M. Rodolphe Bruzac, Maire de Bergerac, (Dordogne).

1895. M. Charles-Joseph *Pichard*, Commissaire de Police de la ville de Paris.

— M. J. F. G. *Crétu*, Propriétaire.

— M. Pascal *Costecal*, Compositeur de Musique, ✠, ancien Membre du Jury du Concours International de St-Sébastien (Espagne).

— M. Théodore *Ab-Yberg*, Citoyen de la Confédération Suisse, Publiciste.

— M. Armand *P. Dongois*, Propriétaire.

— M. Émile-Louis *Julhes*, Aéronaute de la ville de Paris.

— M. Edmond *Lalande*, Inspecteur Principal à l'Exploitation de la Compagnie des Chemins de fer du Midi.

— M. Évariste *Carrance*, Publiciste, Rédacteur en chef de *l'Indépendant* du Lot-et-Garonne.

— M. Louis-Auguste *Farbos*, ancien Commissaire civil au Callao, (Vénézuéla).

— Mme Irma *Gallet*, Publiciste, Directrice du Journal, *le Sauveteur*, Paris.

— M. Adrien *Georges*, Vice-Consul d'Espagne à Bagnères.

— M. le Comte Victor *du Verne*, Maire de Saint-Éloi.

— M. le Dr V. Frédéric *Serre*, Chirurgien-Spécialiste.

— M. l'Abbé Pierre *Candegabe*, Membre de l'Académie Romaine des Arcades.

— M. Ascagne *Cavy*, Pharmacien honoraire, Président de la chambre syndicale des Pharmaciens, Administrateur de l'Hôpital-Général.

— M. Eugène-Charles *Leroy*, Publiciste, Secrétaire de la Société d'Enseignement des Pêches Maritimes.

— M. le Dr Albert *Sandras*.

— M. Pierre-Marie *Bourgoint-Lagrange*, Avocat, ancien Magistrat, ex-Vice-Président de la Société d'Ethnographie de Paris.

— M. Gaston *Anglade*, Agent du Secrétariat et du Contrôle financier de la Compagnie du Midi, à Bordeaux.

— M. le Dr Henri *Chaudéborde*, Médecin de l'État Civil de la ville de Bordeaux, Inspecteur du Service de l'Enfance.

— M. le Comte de la *Taille des Essarts*, attaché au Ministère des Affaires Étrangères, Paris.

— M. *Castex*, (Jean-Pierre), Directeur du Théâtre Municipal de Nantes.

— M. *Despouy*, (Irénée-Albert), Gérant de séquestres au Crédit Foncier de France.

— M. *Joseph*, (J.-Henri), Professeur d'Armes, Alger.

— M. *Beaumard*, Émile, Contre-Maître aux Ateliers de la Compagnie Générale Transatlantique.

— M. P. *Fleury*, Officier d'Académie, Publiciste.

— M. Maurice *Jobit*, Sous-Inspecteur de l'Enregistrement, Paris.

— M. le Dr Élias Martinez Oramas, Consul de Vénézuéla.

— M. Jules Mournezon, Architecte, Rédacteur au *Tam-Tam*, à la *Finance pour Rire*, à *l'Avenir d'Aix-les-Bains*, etc.

— M. Charles *Postel*, Vice-Consul de Vénézuéla, à Cherbourg.

— M. A. *Roger*, Consul de Vénézuéla, à Lille.

— M. T. *Delahunt*, Exportateur, Vice-Consul à Liverpool.

— M. Robert *Florand*, Manufacturier, Fabricant de Bronze, hors concours, Membre du Jury à l'Exposition de Lyon.

— M. Armand *Lefebvre*, Administrateur du *Siècle*, Paris.

— M. Henri *Petit*, Gérant de l'Hôtel Terminus.

— M. François Flameng, Artiste-Peintre, Paris.

— M. Gustave *Chanudet*, Propriétaire, Paris.

— M. *Reculon*, Agent de Service maritime postal à Bordeaux.

— M. *Chausson*, Proviseur du Lycée de Foix (Ariège).

— M. Albert *Mange*, Secrétaire à la Direction de la Compagnie des chemins de fer d'Orléans.

— M. de Lauzières-Thémines, Inspecteur de la Cie *l'Urbaine*, ancien Officier.

— M. Jules *Moureau*, C. ✳, Vice-Président de la Société des Ex-militaires, Paris.

— M. Gabriel *Goudeau*, Homme de Lettres.

— M. *Denancy*, Publiciste, Avize

— M. *Franchonne*, Négociant, Lille.

— M. l'Abbé *Genty*, Curé de Danoy.

— M. *Pourcelle*, Publiciste.

— M. le Dr *Soudée*, Médecin.

— M. Aug. Cabot, ✳ maître d'armes.

— M. Émile *Anthès*, Commissaire Spécial de la Police des chemins de fer.

Cinquième Classe. — Chevalier

— M. Louis-Léon Le Barc, Antiquaire.

— M. Paul Cazes, Publiciste.

— M. Jules *Ripert*, Industriel, Fabricant des Tram-Ripert, Exportateur.

— M. Pierre Mèche, Professeur d'espagnol, du Comité de la Société Franco-Hispano-Portugaise.

— M. Aimé *Graud*, Publiciste, Chancelier à la Résidence supérieure de Hué (Annam).

— M. Edmond *Niquet*, Propriétaire Rentier.

— M. Alfred Martin, Publiciste.

— M. Eugène Blot, Sculpteur-Statuaire.

— M. le Dr A. L. Pérol, Médecin-Sanitaire.

— Mme Feldmarn (Anne-Marie-Sophie), Professeur dans l'Enseignement Libre.

— M. Larsen, Lieutenant de la Marine hollandaise.

— M. *Crozet*, Jean-Marie, Graveur et Fabricant de Médailles.

— M. Adolphe Bourdette, Juge au Tribunal Civil de Dax.

— M. Paul *Gairaud*, Employé aux Chemins de fer de l'État.

— M. Jean Poënsel, Employé de Commerce.

— M. A. Blum, Publiciste.

— M. Lucien Machefer, Représentant de Fabriques.

— M. René Odinet, Agent Général de Compagnies Maritimes, Consignataire, consul de Perse, au Havre.

— Mme *Péchard*, (Marie-Ern.), née Raffl. dame bienfaitrice d'Associations philanthropiques.

— M. Lallemand (François-Adolphe) Musicien de 1re classe au 79e de Ligne.

— M. Bloëme (A. A. M.), teneur de Livres.

— M. E. Henry, Officier d'Académie, Secrétaire de la Société nationale d'Encouragement au Bien.

— M. A. Raffoux, Graveur, Directeur de l'Agence des Illustrations de la Presse, Paris.

— **M.** l'Abbé Etienne Bret, du Diocèse d'Orléans.
— **M.** J. L. Castrique, Négociant-Exportateur.
— **M.** Féraud, Sculpteur à Valauris (Alpes-Maritimes).

NOTA. — Dans le but de compléter la nomenclature ci-dessus, l'auteur accueillera avec empressement toutes indications, modifications, etc., qui lui seraient signalées soit par les Dignitaires de l'Ordre, soit par d'autres personnes intéressées.

Il en serait tenu compte dans l'édition prochaine.

INFORMATIONS GÉNÉRALES

Légations et Consulats des Etats - Unis de Vénézuéla
en Europe

Paris.......... — X..., Ministre plénipotentiaire. Les relations diplomatiques sont interrompues
depuis mars 1895. L'ambassade des Etats-
Unis, 59 rue de Galilée à Paris, est chargée
des intérêts vénézuéliens.

Berlin......... — Dʳ Frederico R. Chirinos, Ministre plénipotentiaire.

La Haye....... — M. le général Fr. Tosta Garcia, Ministre plénipotentiaire; Premier Secrétaire, M. Veloz.

Berne......... — Dʳ José Gil Fortoul, Chargé d'affaires, Premier Secrétaire : M. Manuel Revenga.

Le Corps diplomatique *résidant au Vénézuéla* comprend :
LL. EE. MM. les Ministres plénipotentiaires des puissances
ci-après : Etats-Unis du Nord, Etats-Unis du Brésil, Colombie,
Italie, Espagne, Allemagne, Belgique.

Les consuls, vice-consuls ou agents consulaires des nations
européennes représentées au Vénézuéla sont : France, 12 ;
Espagne, 11; Italie, 7; Danemarck, 6; Angleterre, 5; Belgique, 5;
Hollande, 5; Allemagne, 4; Suède et Norwège, 4; Autriche, 2;
Portugal, 1 ; Grèce, 1.

Consuls de Vénézuéla en Europe

(VILLES PRINCIPALES)

FRANCE

MM.

Paris.......... — Dʳ José Rafaël Nunez, Consul Général; F. de
Corvaia Hijo, vice-consul.

Bordeaux...... — Dʳ Pedro Mendoza, consul ; Léopold Montauban, vice-consul.

Libourne ...... — Miguel Rilvas, consul.

Arcachon ...... — Louis Montauban, consul.

Le Havre....... — Dʳ D. Centeno, consul ; Albert Leblond,
vice-consul, 19, rue Anfray.

Saint-Nazaire.. — Benjamin Lagrange, consul ; Léopold Ga-
bard, vice-consul.

Marseille...... — DR Elias Martinez Oramas, consul ; Frede-
                  rico Segond, vice-consul.
Toulon......... — E. Arden, vice-consul.
Cette......... — X..., consul ; A. Puech, vice-consul, 20,
                  rue Nationale.
Bastia .... — Jean-Antoine Raffalli, consul ; P. Mariani,
                  vice-consul.
Nantes .... — Ch. Piton, consul ; Ch. Chapé, vice-consul.
Bayonne....... — Samuel Salcedo, consul.
Limoges........ — J. Lafon, vice-consul.
Bergerac ...... — P. Carbonnier, consul, ancien officier de
                  marine.
Cherbourg..... — Charles Postel, vice-consul.
Lille........... — Auguste Roger, vice-consul.
Boulogne-s-Mer — Jules Lebeau, consul.
Vichy .... — Emile Pothier, consul.
Nice.......... — A. Talma, consul ; L. Docteur, vice-consul.
Monaco........ — E. Viard, consul.
Menton et Monte-
    Carlo....... — X..., consul.
Lyon .... — X..., consul.
Pau et Lourdes. — X..., consul.
Saint-Brieuc... — X..., vice-consul.

ALLEMAGNE

MM.

Berlin........ — Eduardo Hahn Echenagucia, Consul général.
Hambourg .... — Federico G. Wollmer, Consul général.
Brême........ — Heinrich Bremermann, consul.
Cologne .... — A. Jagenberg, consul.
Francfort...... — Adolphe Baer Goldschmidt, consul.

AUTRICHE

MM.

Vienne .... — Dr Emilio Conde Flores, consul.
Trieste .... — Alej. C. M. Schroder, consul.

BELGIQUE

MM.

Bruxelles...... — S. de Schryver, vice-consul, chargé du
                  Consulat-Général.
Anvers.. ...... — E. Ressler, vice-consul.
Liège.......... — Léon Jowa, consul.
Ostende........ — M. de Cannart d'Haumale.

GRÈCE

M.

Athènes .... — Vicente Serpieri, consul.

HOLLANDE

MM.

La Haye .... .. — Jorge Antich, consul.
Amsterdam .... — J. Portengen, consul.
Rotterdam ..... — Constans Stanis, consul.

ITALIE

MM.

Rome .... — Dr Luis Mata, consul.
Naples .... — Vicente Volcipelli, consul.
Milan .... — Pedro Larrazabal, consul.
Gênes .... — Carlos E. Hahn, consul général.
Brindisi .... — Eduardo Mussiacco, consul.
Venise .... — Dr Carlos Guelfa, consul.
Florence .... — Egisto Maccanti, consul.

RUSSIE

M.

St-Pétersbourg. — Henri Schierenberg, consul.

SUÈDE ET NORWÈGE

MM.

Christiania .... — J. Schot, consul.
Gotemburg ..... — Roberto Berson, consul.
Bergen .... — John Rieber, vice-consul.

SUISSE

M.

Berne .... — E. de Hesse Wartegg, consul, à Berne.

DANEMARK

M.

Copenhague .... — X..., consul.

ESPAGNE

MM.

Madrid .... — Colonel Eduardo A. Osio, consul général.
Cadix .... — Luis Terry Murphy, consul.
Barcelone...... — Tomas Hernandez, consul.
Malaga .... — Ramon Rosales, consul.
Huelva .... — Juan E. Corisola, consul.
La Corogne .... — Ez. Fernandez de Miranda, consul.
Santander...... — Evilasio Echegaray, consul.
Saint-Sébastien — Benito Aliaga, consul.
Vinaroz .... — Luis de Abaria, consul.
Carthagène .... — Luis Halberstad, vice-consul.

PORTUGAL

MM.

Lisbonne ...... — Eduardo Ferreira de Serpa, consul, Consul
                  Général d'Hawaï; Clémente Gairaud Hijo,
                  vice-consul (en congé).
Porto.......... — J.-A. Andressen, consul X..., vice-
                  consul.
Setubal........ — X..., vice-consul.

GRANDE-BRETAGNE

MM.

Londres .... — Dr Elias Rodriguez Hijo, consul général.
Liverpool...... — Ramon Odiriz, consul ; T. Delahunt, vice-
                  consul.
Manchester .... — Edmond Hauer, vice-consul.
Southampton... — Santos Jurado, consul ; Emile Joly, vice-
                  consul
Glasgow....... — W.-C. Magnaughlan, consul ; John A. Do-
                  nald, vice-consul.
Gibraltar ...... — Salomon Lévy, consul.

LIBRAIRIE AMÉRICAINE
et Coloniale
FONDÉE EN 1876

E. DUFOSSÉ
Paris

Livres, manuscrits, autographes, estampes, portraits, atlas et cartes.

Extraits du bulletin "l'Americana"

9445. — Codazzi, *Résumé de la Géographie du Vénézuéla*, Paris, 1840, 1 vol. — Baralt (Rafael Maria) et Ramon Diaz, *Résumé de l'histoire du Vénézuéla depuis la découverte de son territoire par les Castillans au XV° siècle jusqu'en 1837*, Paris, 1881, 3 vol. ensemble, 4 volumes in-8°... 200 Fr.

9473. — Ducoudray-Hostein, *Histoire de Bolivar continuée jusqu'à sa mort*, Paris, 1831, 2 vol. in 8° rare, cachets effacés sur le titre.......................... 15 Fr.

9477. — *Le Libérateur de l'Amérique du Sud (Bolivar)*, Londres 1885, in 8° br. 70 p. 2 Fr.

9540. — D' G. Marcano, *Ethnographie précolombienne du Vénézuéla, vallées d'Aragua et de Caracas*, Paris 1889, gr. in 8°, 55 figures et cartes.............. 10 Fr.

9571. — Ed. Outrey, *Le Vénézuéla (résumé de son histoire, 1879) in 4° broché 46 pages.. 1 Fr. 25

9606. — Rojas, *Simon Bolivar*, Paris, 1883, in 8°....................... 7 Fr.

9625. — Tejera Miguel, *Vénézuéla pittoresque illustré*, Paris 1877, in-8° figures et portraits... 6 Fr.

9650. — Simon Bolivar, *Lettre signée à Brizeno*, Angostura, 20 août 1818, 3 p. in-folio.. 120 Fr.
Pièce historique.

9651. — Simon Bolivar, *Lettre signée à D. Camillo Torres*, 1830, 4 p. in-4°... 120 Fr.
Pièce historique.

9652. — Simon Bolivar, *Lettre signée au colonel J.-A. Pinores*, Bogota 14 février 1828, 1 p. 1|2 in-4° atteinte par l'humidité............................... 20 Fr.

9653. — Simon Bolivar, *Lettre signée à F. Zea à Angostura*, 17 mai 1818, 2 p. in-4° 120 Fr.

9656 — Casa Valencia (comte de Popoyan), homme d'Etat espagnol, conseiller de Joseph Bonaparte. En 1816, il se rendit dans la Colombie où il prit parti pour Bolivar. Il fut fusillé sur les ordres de Murillo, *lettre autographe signée en français à Bory 1er octobre 1811*, 2 p. in-4°............................... 40 Fr.

9418. — Barral, *Avenir des grandes exploitations agricoles établies sur les côtes du Vénézuéla*, Paris 1884.. 3 Fr. 50

9567. — O'Leary, *Mémoires du général O'Leary*, publiés par son fils Simon B. O'Leary, Caracas, 1879-1883, 28 vol. gr. in-8° br. portrait et fac-simile............. 180 Fr.

Publications

La Revue Sanitaire journal d'hygiène bi-mensuel, directeur M. A. Collin, constructeur, 67-69, rue du Château, à Paris. — Un an : 20 fr., six mois 12 fr. ; prix du numéro, 1 fr.

La Revue Illustrée, de l'Exposition Universelle de 1900. Directeurs : Ch. Tétard et Eug. Guérin. — Rédaction et administration : 21, rue Lavoisier, Paris. Paraît le mercredi. — Un an : 12 fr., six mois, 7 fr.

La France Aérienne, journal officiel de l'aéronautique et de la colombophilie nationales — Bi-mensuel — Directeur : M. le Dr. G. Deneuve. — Rédaction et Administration : 45, rue du Couédic, Paris. — Un an : 10 fr. ; six mois, 6 fr. ; le numéro, 50 c.

Journal des Agriculteurs. — Elevage, laiterie, vigne, arboriculture, agriculture, apiculture, horticulture, etc. — Rédacteur en chef : H. Labrousse. — Rédaction et Administration : 61, rue de Saintonge, Paris. — Hebdomadaire. — Un an, 5 fr. ; six mois, 3 fr. ; le numéro, 10 c.

L'Exportateur — Ex-journal du commerce français. Organe de l'Institut des arts industriels. Colonisation, Commerce, Finances, Exportation. Directeur : P. Fleury, officier d'académie. Rédaction et bureaux : 28, rue Baudin, Paris. — Bi-mensuel. Un an, 10 fr. ; le numéro, 50 c,

Les Contemporains. — Hebdomadaire. Direction: un comité. 8, rue François 1er, Paris. — Un an, 6 fr. ; le num. 10 c. 5e année.

L'Institut Populaire. — Mensuel, journal artistique, organe des Sociétés musicales et poétiques. Directeur: E. Sinoquet, officier d'académie, à Cayeux-sur-Mer (Somme). — Un an, 6 fr. ; le numéro 50 c.

La Gazette du Sauveteur. — Mensuelle. Revue des sociétés de sauvetage, de secours mutuels, de retraite, etc. Directrice: Mme Hortense Galmache (Hortensia), médaillée de sauvetage du gouvernement, 60, rue des Orties, Bois-Colombes (Seine). Un an 2 fr. 50; le numéro 20 c.

Le Cliché. — Illustrations pour journaux politiques et publications diverses, catalogues, etc. — Mensuel. 2 fr. 50 par an. Directeur, M. A. Raffoux, 25, rue du Sentier, Paris.

L'Epoque moderne. — Journal illustré. Directeur : Gaston Routier. Administration, 37, avenue Malakoff. Paris. Un an 25 fr. Edition populaire, le numéro 10 c.

L'Orient. — Hebdomadaire. Organe national ottoman. Directeur : M. Nicolaïdès, président de la Société franco-ottomane, (Osmanié). Rédaction et Administration, 91, avenue Malakoff, Paris. Un an, 30 fr., le numéro 50 c.

Bulletin de l'Enseignement professionnel et technique des pêches maritimes. Trimestriel, organe de la Société. Président: E. Cacheux, ingénieur, membre du Conseil Supérieur de la Marine marchande, 25, quai Saint-Michel, Paris. Un an, 10 fr. (cotisation),

Lire tous les samedis : **La Revue Diplomatique**, directeur, Aug. Meulemans, C. ✳✳✳, ancien consul général et Secrétaire de Légation, 4, rue Lafayette, Paris. Abonnement : Un an : 30 fr. Journal politique, littéraire, industriel et financier.
La Revue Diplomatique publie chaque semaine une personnalité du monde diplomatique et consulaire, ou des notabilités du monde artistique, industriel et financier.

La Revue de France,. — Mensuelle. Revue politique et littéraire. Directeur : Georges Rocher, ✳✳✳, Direction, 55, ave de la Bourdonnais, à Paris. — Un an, 8 fr.

ACIÉRIES & FORGES

D'ALBERT (Somme)

ALFRED NANÇON, ✹ C. ✳

à ALBERT (Somme)

Fournisseur de la Guerre, de la Marine et des Colonies, des Compagnies de Chemins de Fer

---

Aciers fondus au creuset, aciers corroyés. — Marteaux, Outils pour construction, Mines, Entrepreneurs, Carrières, Ferblantiers, etc. — Spécialité de pièces de forges en fer et acier.

Adresser les Correspondances à Albert (Somme)

EXPORTATION

BIBLIOGRAPHIE MUSICALE

Il convient de signaler l'œuvre magistrale de M. Ernest Sinoquet : **Marche triomphale de Russie**, pour grande harmonie ou fanfare.

Cette œuvre, classée parmi les plus belles du Maître, a été présentée à S. M. l'Empereur de Russie qui en a accepté officiellement la dédicace à la suite de son couronnement et a fait parvenir au Maître français par voie d'ambassade ses félicitations et ses remerciements.

D'une exécution facile, entremêlée d'une puissante mélodie, on y remarque aussi une Pastorale avec sourdine d'une puissance harmonique et légère, où se révèlent à la fois le génie et le talent du Maître. Cette œuvre imposée au grand concours international de Cayeux-sur-Mer, fit sensation sur un auditoire de plus de 5.000 personnes et le Jury, composé de M. Avel, du 2ᵉ de ligne ; Bourgoint, du 8ᵉ bataillon de chasseurs ; Riffart, du 115ᵉ de ligne ; Ameline, du 3ᵉ chasseurs à cheval ; Devrin, du 2ᵉ lanciers belge ; Deroubais et Émile Delattre; etc., etc., se sont levés et, entourant le Maître, lui ont fait publiquement une ovation enthousiaste, à laquelle le public prit part.

Cette œuvre, richement gravée, édition officielle, sera adressée contre un mandat-poste de 5 francs 50 centimes. Elle est primée par un grand nombre de couronnes et objets d'art et se trouve dans les répertoires des bonnes sociétés musicales.

En vente au « Chalet des Poètes », à Cayeux-sur-Mer (France), chez l'auteur Ernest Sinoquet, officier et chevalier de plusieurs ordres, officier d'académie, président de l'Institut populaire de France et chez les principaux éditeurs de Paris et de province.

INSTITUT POPULAIRE DE FRANCE
Au Progrès national de Musique
19ᵉ ANNÉE

Répertoire spécial de morceaux de Musiques pour concours d'honneur, 1ʳᵉ, 2ᵉ et 3ᵉ Division. Un répertoire de morceaux faciles pour commençants. Morceaux d'Harmonies pour Concerts, Marches, Bals, etc., Chansons, Dialogues, Récréations théâtrales; Drames historiques, etc. Fabrique de Bannières et Instruments de musique. Échange et Réparation, un an et six mois de crédit aux membres de l'Institut.

Écrire à Allery (Somme-France)

BANQUE DE VÉNÉZUÉLA

SOCIÉTÉ ANONYME

Siège social : **Caracas**

Capital : 8.000.000 de Bolivares (1)

La Banque de Vénézuéla rappelle au public qu'il trouve dans ses bureaux toutes facilités pour les opérations de banque telles que les suivantes :

1º Nous prêtons sur les titres de fonds publics et sur des actions et des obligations au porteur, de Compagnies anonymes établies à Caracas ;

2º Crédits en comptes-courants à des commerçants et à des propriétaires ;

3º Recouvrement de coupons de dettes nationales et d'actions de Compagnies anonymes ;

4º Achat et vente de monnaies ;

5º Lettres de change, ordres télégraphiques de paiement et lettres de crédit sur l'Angleterre, la France, l'Allemagne, l'Espagne, l'Italie et les Etats-Unis ;

6º Achat et vente, sur ordres des clients, de toutes sortes de fonds publics ;

7º Garde de valeurs et de titres ;

8º Comptes de dépôts pour lesquels seront servis jusqu'à nouvel avis, des intérêts au taux de 1 1/2 % par an sur les dépôts en compte-courant ;

3 % par an sur les dépôts pour un placement ferme de 3 à 12 mois ;

9º Recouvrement de lettres de change tirées de l'Extérieur sur les diverses places de la République, à de justes conditions ;

10º Lettres de change sur les agences de la Banque à : La Guaira, Puerto Cabello, Maracaïbo, Cindad Bolivar, Valencia, San Cristobal, Barcelona, Carupano, Coro, Cumaná, Güiria, Juangriego, Maturin, Porlamar y Curaçào ; et transport de fonds des dites places à Caracas.

Nota. — *Il est entendu que, jusqu'à nouvel avis, le taux de l'escompte est de 9 % par an.*

Pour la Banque de Vénézuéla,

H. LOBO, *Secrétaire-Général.*

---

(1) Le Bolivar équivaut à 1 franc argent de l'Union monétaire.

LE VERMOUTH-CRISTAL

Marque P. TAILLAN et Cie de Cette

FOURNISSEURS DE LA COMPAGNIE GÉNÉRALE TRANSATLANTIQUE

La fabrication du Vermouth, en France, a pu subir une crise par suite du mauvais état des vignobles de l'Hérault. Mais, du jour où ces beaux vignobles ont été reconstitués, du jour où les délicieux vins blancs du Languedoc sont revenus à l'état où on les connaissait jadis, le **Vermouth-Cristal** était créé.

Personne, mieux que **MM. P. TAILLAN et Cie**, de Cette, n'était placé pour cette fabrication au centre du pays de production, et tirant leurs vins blancs de la vigne même.

Le **VERMOUTH-CRISTAL** ne redoute aucune comparaison ; il est enfin ce que le Vermouth aurait toujours dû être : une boisson saine, naturelle, hygiénique et apéritive.

EXPORTATION

GRANDS VINS DE BORDEAUX

Maison fondée en 1872

BARRIQUES   ETAMPÉES

ET   DES

CAISSES   DOMAINES

Louis JUILIOT

PROPRIÉTAIRE-NÉGOCIANT

Membre de la Société des Agriculteurs de France

LE BOUSCAT - MÉDOC

(Gironde)

COMPTOIR ET CHAIS : 41, Cours St-Louis, à Bordeaux,
où les commandes doivent être adressées.

Vins en barriques depuis 125 fr. la pièce.
Clos de Beaumont . . . . 225 fr.   —
Clos de la Couronnerie. . 350 fr.   —

Vins en bouteilles, Vins de Champagne, Vins Etrangers et de Liqueurs (Importation directe, Marque Fils de A. Léon-Cadix), Cognacs et Rhums, Liqueurs 1res marques.

Tous frais de port et de régie à la charge de l'acheteur.
A 30 jours 2 %. A 90 jours sans escompte.

Bulletin de Souscription à l'Edition de 1898

Je soussigné .

demeurant à

déclare souscrire à _____ exemplaire de " **l'Annuaire Illustré des États-Unis du Venezuela** " (*Edition 1898*), au prix de **Trois francs** l'un, soit la somme de _____

que je m'engage à payer par un mandat-poste, dès réception de l'exemplaire.

Nom : _____

Prénoms : _____

Profession : _____

Domicile : _____

_____ le _____ 189

Signature du Souscripteur,

(1) Classe de 1'Ordre _____

Date de la Nomination : _____

Date de l'Autorisation de Chancellerie : _____

1) Indications utiles pour le Livre d'Or ou Annuaire de l'Ordre du Libérateur.

BULLETIN DE PUBLICITÉ

Je soussigné (nom, prénoms, profession, adresse.) _____

_____ déclare souscrire à

une insertion dans l'**Annuaire illustré des Etats-Unis du Vénézuéla** (*Edition de 1898*)

pour la somme de _____ francs, que je m'engage à payer

comptant (ou trimestriellement) après remise de l'exemplaire justificatif, pour la

propagande de _____

Publicié ou Insertions		
Une Page................	200 francs	
Une Demi-Page.........	**100** —	
Un Quart de Page......	**60** —	
Un Huitième de Page...	**35** —	Adresse :

Fait à _____ le _____ 189

Signature :

LIBRAIRIE CH. MENDEL

118 bis, rue d'Assas, PARIS

Dictionnaire de Graphologie
par Antonin SUIRE

Officier d'Académie, Membre de la Société de Graphologie
Licencié en droit

1re Partie. — Psychologie, Physiologie de l'écriture,
Prix : **1 fr. 50.**

2e Partie. — Dictionnaire de Graphologie, 200 Autographes. Prix : **2 fr. 50.**

3e Partie. — (En préparation).

Esquisses, Portraits et Autographes, illustré de nombreux portraits et autographes des célébrités ou des notabilités des Pays latins. Prix : **5 fr.**

ANTONIN SUIRE

DICTIONNAIRE DE GRAPHOLOGIE

Physiologie de l'Ecriture, Biographies et Autographes

Paris, 1891-92, 2 volumes in-12 br. **2 fr. 75**

L'écriture est un des signes extérieurs par lesquels l'âme humaine manifeste le mieux son caractère. A chaque faculté correspond un ou plusieurs signes graphiques qui indiquent : 1° son parfait équilibre, 2° son absence, 3° son défaut. — La fermeté poussée à l'excès devient du despotisme ; son absence s'appelle irrésolution et inconstance. **M.** Suire a classé ainsi les principales facultés ou traits de caractères en renvoyant pour chacun d'eux au signe révélateur dans l'écriture, puis il a rangé tous ces signes en forme de dictionnaire, avec des exemples autographe, pour chacun. En cherchant *fermeté*, on est renvoyé aux *t* barrés de haut en bas, aux *f* barrés en retour. En cherchant dans le dictionnaire les *f* barrés, en retour, on trouve en face *fermeté* et un renvoi au chapitre spécial. C'est un traité *pratique* de cette science née d'hier, mais déjà si fort en honneur.

ŒUVRES MUSICALES

de François LITTERSCHEID, O. ☼ C. ☼

Lieder Litterscheid. — Choix de 20 nouveaux chants originaux, pour une voix seule avec accompagnement de piano, paroles françaises par Adolphe REYER, en regard paroles anglaises et allemandes. Karl MICHAELIS, éditeur de musique, Neu-Ruppin, 2 volumes, 1re partie, 38 pages avec le portrait de l'auteur. Prix 4 francs.

Marche triomphale. — Dédiée au général CRESPO, président des Etats - Unis de Vénézuéla.

« Estimé Ami,

« J'ai lu avec beaucoup de plaisir votre lettre du « 12 mars et je vous remercie infiniment de l'aimable « dédicace que j'accepte. Je la conserverai comme un « souvenir de votre extrême bienveillance et je me dis

« Votre ami,
« Joaq. CRESPO ».

Caracas, 20 avril 1895.

Morceau pour piano, 5 fr. — Opusc. 80
Pour partition d'orchestre : 10 francs.

Pour se procurer les œuvres musicales, s'adresser ou écrire à M. Frédéric WITTERT, Editeur, 23, boulevard du Temple, 23, Paris. Dépositaire.

BIBLIOGRAPHIE

Anvers à travers les Ages, par P. GÉNARD, architecte. 2 vol. in-4°, avec gravures, plans, planches et dessins en chromo, prix.................... 80 fr.

Histoire de Belgique, par Théodore JUSTE, avec de nombreuses gravures et illustrations, 6e édition, nouvellement revue et augmentée, 3 vol. grand in-8°, prix............................... 60 fr.

Dictionnaire encyclopédique de Géographie historique du Royaume de Belgique (en cours de publication) l'ouvrage formera deux volumes grand in-8° ; paraît par livraisons.

Ouvrages de Droit et de Jurisprudence, de Littérature et de Sciences. — S'adresser à la Maison

BRUYLANT-CHRISTOPHE & Cie

Editeurs

Emile BRUYLANT, Successeur

67, rue de la Régence, 67

A BRUXELLES

BIBLIOGRAPHIE

LA REVUE DIPLOMATIQUE. — Directeur : Aug. MEULE-MANS, G. O. ❋ C. ❋, Ancien Consul général et Secrétaire de Légation, 1, rue Lafayette, Paris. Abonnement : un an, 30 francs.

Journal politique, littéraire, industriel et financier, hebdomadaire.

La Revue Diplomatique publie chaque semaine une personnalité du monde diplomatique et consulaire ou des notabilités du monde artistique, industriel et financier.

LA GÉOGRAPHIE, 9° année. — Hebdomadaire 8 p. in-4°, sous couverture ; 6 fr. par an, rédacteur en chef : GASTON DUJARRIC.

La Géographie est de toutes les publications géographiques la meilleur marché et la plus variée ; la seule qui donne régulièrement une Revue géographique et coloniale du mois écoulé, publie des voyages, des variétés, des informations, etc. Rédaction et administration, Paris, 59, rue Grenelle.

LA MÈRE ET L'ENFANT. — 12° année. — Mensuel, Journal illustré d'hygiène de la 1re et de la 2e enfance. Directeur-Rédacteur en chef : Docteur TH. CARADEC, O. ❋, lauréat de l'Académie de Médecine, Médecin de l'Hôpital civil de Brest. Administrateur-Gérant : M. E. Marchal, ❋. Un an : 6 francs, 14, rue Froissart, 14, Paris.

LA REVUE DES COLONIES ET DES PAYS DE PROTEC-TORAT. — Bi-mensuelle illustrée. Directeur : PAUL VIVIEN O. I. ❋ Brière, éditeur, 16, rue Soufflot, Paris.

L'AMÉRIQUE INCONNUE, par MALLAT DE BASSILLAN, de la Bibliothèque nationale (d'après le Journal de voyage de l'explorateur J. de Brettes, chargé de mission scientifique par le Ministère de l'Instruction publique). 1 vol. in-8° avec gravures, 1892. Librairie de Firmin-Didot et Cie, 56, rue Jacob, Paris. 3 fr. 50.

LES PIGEONS-VOYAGEURS. — Historique, leur rôle militaire, par le Dr GASTON-H. DENEUVE, un vol. in-12° 1888. Aug. Ghio, éditeur, Galerie d'Orléans, 13, 5, 7, Palais-Royal, Paris, 2 francs.

LES PANORAMAS GÉOGRAPHIQUES de Paris, par PAUL VIBERT, Membre de la Société des Gens de Lettres. 1 vol. édition Illustrée, 2 francs.

LA CONCURRENCE ÉTRANGÈRE. — Industries parisiennes, Politique coloniale, Vins et alcools, Musées commerciaux, etc., Thèmes et conférences par PAUL VIBERT, 1 fort vol. in-8° 6 fr.

L'ÉLECTRICITÉ à la portée des gens du monde, ouvrage de vulgarisation par PAUL VIBERT, 1 vol. 2 francs.

MANUEL DU SAUVETEUR. — Le sauvetage en France et à l'étranger, par EMILE CACHEUX, ✠, O. I. ✿, C. ✵, ingénieur, 1 fort vol. in-8° avec planches hors texte, 1896. Librairie Paul Baudry, éditeur, 15, rue des Saints-Pères, Paris. 5 francs.

HABITATIONS OUVRIÈRES à la fin du XIX° siècle suivie d'une étude sur les documents exposés en 1889 par E. CACHEUX, ingénieur, 1 fort vol. gr. in-8°, Librairie P. Baudry, 4 francs.

DES PRINCIPES GÉNÉRAUX DU DROIT INTERNATIONAL PUBLIC. — Chez Larose et Forcel, libraires-éditeurs, 22, rue Soufflot, le tome I des *Principes généraux du Droit international public.*

De l'utilité de l'Arbitrage, par M. le baron THOMAS DE SAINT-GEORGES D'ARMSTRONG, membre du Congrès de la Paix de Londres et de Paris. Dans une introduction fort intéressante, l'auteur étudie les considérations, l'arbitrage permanent, — la convention arbitrale permanente, — les Congrès ; il donne son opinion sur l'arbitrage ; il parle ensuite d'une Cour suprême internationale ; il étudie en passant l'affaire Wolgemuth et s'étend sur le désaccord entre le Portugal et l'Angleterre sur le continent africain, etc.

Dans la seconde partie de son livre, l'éminent jurisconsulte arbitragiste traite la question de la neutralité.

Le deuxième volume, en préparation, paraîtra prochainement.

Toutes les personnes qui s'occupent des questions si difficiles d'arbitrage liront cet important ouvrage de plus de 400 pages. Prix : 8 francs.

Vient de paraître à la Librairie Dentu, l'ANNUAIRE DES CHEMINS DE FER (10° année), 1 vol. grand in-8°, 660 pages, directeur : M. E. MARCHAL.

Cette publication, une des mieux comprises et la plus complète qu'a fait surgir la grande industrie des Chemins de fer, justifie amplement son succès. C'est à juste titre qu'il est considéré comme le principal, sinon l'officiel indicateur de cette industrie, et les souscriptions dont il est honoré de la part des divers Ministères et des Compagnies de chemins de fer, ainsi que le développement considérable de son tirage, disent assez sa réelle valeur et son incontestable utilité.

L'*Annuaire des Chemins de Fer* est en vente chez tous les libraires et à la Direction, 14, rue Froissart, Paris. Prix : 5 francs.

NOUVEAU DICTIONNAIRE DES ORDRES DE CHEVALERIE. — La librairie Dentu met en vente un ouvrage appelé à un grand succès à cause de son côté utilitaire. Dans ce siècle où tout le monde est ou veut être décoré, il est bon de connaître non seulement les ordres anciens, mais tous ceux qui ont été fondés dans le monde entier depuis 20 ans. On trouvera dans le *Nouveau Dictionnaire des Ordres de Chevalerie,* tous les renseignements désirables pour obtenir les autorisations d'acceptation et de port de décorations et la couleur de tous les rubans. Il est illustré de 215 croix gravées et imprimé sur papier de choix in-8° écu. C'est un véritable volume de luxe tel qu'il convient à un ouvrage dédié à M. le comte d'Ormesson, ancien introducteur des ambassadeurs, actuellement ministre de France à Lisbonne.

Ce remarquable ouvrage a pour auteur un érudit en l'art héraldique, un des plus consultés en la matière, M. Henri GOURDON DE GENOUILLAC. C'est dire toute la valeur de ce précieux volume. Prix : 15 francs.

ARMOIRIES ET DÉCORATIONS, par JULES MARTIN, DE MONTALBO et RAYMOND RICHEBÉ. Sous ce titre, la Librairie des Contemporains publie un excellent ouvrage contenant les portraits et biographies de tous les souverains, régents et chefs d'État, armoiries de tous les pays avec texte explicatif, croix (reproduites à la dimension officielle) de tous les ordres de chevalerie, avec historique, règlements, etc. Notice sur la Légion d'honneur, avec planches en couleur pour tous les pavillons et étendards.

Les notices consacrées aux décorations sont intéressantes et leurs auteurs ont puisé leurs renseignements aux meilleures sources ; ils les ont contrôlés avec soin, de telle manière qu'en quelques lignes se trouve réuni tout ce qu'il importe de connaître ; dates de la création et des modifications ou réorganisations ; but de la décoration, nombre des classes, devise, ruban et description du bijou.

En résumé, cette publication a sa place marquée dans la bibliothèque de tous ceux qui s'intéressent à l'histoire des ordres de chevalerie.

En vente. Prix du volume, édition enluminée à l'aquarelle, 12 francs, reliée maroquin, tranche dorée, 12 fr. 50.

LES ORDRES DE CHEVALERIE AUTORISÉS EN FRANCE, notice sur ces ordres, législation les concernant par A. DAGUIN. — Un beau volume in-8 jésus avec 16 planches en couleur et 200 gravures, édité par la maison Mendel, de Paris.

Il n'existe pas, jusqu'à présent, d'ouvrage complet dans lequel on puisse trouver, avec la liste de tous les ordres français et étrangers autorisés en France, les particularités relatives à chacun d'eux, les formalités à remplir pour obtenir les décorations et pour pouvoir les porter. L'ouvrage qui vient de paraître comble cette lacune et forme un traité complet de toutes les questions qui peuvent intéresser tous ceux qui ont des décorations. Chacun des 210 ordres comporte une notice, est accompagné d'une gravure représentant l'insigne ; 16 planches en couleur donnent la reproduction exacte de tous les rubans. Enfin, un chapitre spécial donne le moyen de déterminer sans recherches, sur le vu d'un simple ruban, l'ordre et le pays auquel il appartient. — Prix : 12 francs.

UNE LANGUE INTERNATIONALE

Sa nécessité. — *Le Chabé*, création de feu Eugène MALDANT, ingénieur à Paris, n'emprunte ni ses règles, ni ses mots, ni ses lettres à aucune langue morte ou vivante.

Quelques heures d'étude, à peine, suffisent pour apprendre à rédiger dans cette langue.

Une brochure, in-8º 0,20 centimes.

Franco par la poste, 0,25 centimes.

BUSTES & MÉDAILLONS

DE

Simon Bolivar

~⦿~

P. FONT

22, Rue du Poitou ⟡ **PARIS** ⟡ 22, Rue du Poitou

Seul Dépositaire

~⦿~

Le Général Simon Bolivar (1783-1830), surnommé le Libérateur, inspiré du souffle émancipateur des principes de 1789, fut le promoteur de l'indépendance Sud-Américaine et l'héroïque fondateur des républiques latines de l'Amérique.

Pour en perpétuer le souvenir, un sculpteur distingué, M. Fourcade, *lauréat de l'Ecole des Beaux Arts*, a eu l'heureuse idée de faire un médaillon de cette célébrité contemporaine si glorieuse et devenue à jamais si populaire ; ce médaillon est ciselé par M. Font, de Paris.

L'éditeur, faisant bénéficier nos lecteurs d'une réduction, ce médaillon est livré au prix ci-dessus :

Plâtre façon terre cuite	5 fr.
Métal aluminium bronzé	10 »
Bronze d'art, ciselé.	16 »
Buste de Simon Bolivar, par G. Sagel, demi nature,	
44c. de hauteur, 35 c. de largeur. En terre cuite,	
franco	30 »
En bronze d'art, ciselure très soignée. Envoi franco	
de port v. v.	250 »

Pour recevoir un médaillon, franco, adresser les demandes, en y joignant le montant, à M. P. FONT, 22, rue de Poitou, Paris, seul Dépositaire des éditeurs.

Vin Apéritif

DIGESTIF TONIQUE FORTIFIANT

MARQUE DE FABRIQUE DÉPOSÉE

AU COQ J.C. LILLOIS

HORS CONCOURS, MEMBRE DU JURY
GRAND DIPLOME D'HONNEUR, LYON 1891
CARPENTRAS 1891
HORS CONCOURS, MEMBRE DU JURY

CROIX DU TRAVAIL

JUSTIN CASTRIQUE
Seul Propriétaire Inventeur

HAUBOURDIN. (NORD)

EAU MINÉRALE NATURELLE

DE

VALS

Source Victoria

Autorisée par l'Etat

L'eau de VALS, source VICTORIA, ne décompose pas le vin ; c'est là plus gazeuse, la plus agréable et la meilleur marché des Eaux minérales de Vals.

C'est la plus bienfaisante de toutes les eaux de table. Unie aux vins, aux sirops, elle forme la plus rafraichissante des boissons.

La grande quantité de gaz acide carbonique pur qu'elle contient en dissolution et qui se dégage dans l'estomac pendant la digestion, sans produire les effets irritants des eaux artificielles, lui a valu à juste titre le renom de **Princesse des Eaux de Vals.**

Approbation de l'Académie de Médecine.
Paris 1886, Médaille de Vermeil. — Paris 1887, Médaille d'Or.
Anvers 1890, Médaille d'Argent.
Bruxelles 1893, Diplôme d'honneur.

Adresser les demandes à **M. Joseph DELHORME,** concessionnaire, à **Largentière** (Ardèche).

LARGENTIÈRE, IMPRIMERIE DELHORME

www.ingramcontent.com/pod-product-compliance
Lightning Source LLC
Chambersburg PA
CBHW052050090426

42739CB00010B/2113